Das Babybrei Buch

Babybrei selber kochen – ein umfangreicher Ratgeber zum Einstieg in die Beikost, mit über 80 kreativen Gerichten (inkl. vegetarischer Alternativen & leckeren Backrezepten), nach Monaten unterteilt.

von Korpus Experts

1. Auflage
©2019 Korpus Experts
Alle Rechte vorbehalten

Inhaltsverzeichnis

Beikost und Babybrei 4

Einleitung *4*

Der Ultimative Baby-Ratgeber 7

Wenn das Stillen nicht klappt *8*
   Probleme, die auftreten können 9

Alles über Beikost *10*
   Wie Sie erkennen, ob Ihr Baby für Beikost bereit ist 11

Woraus besteht der erste Brei? *12*

Fix und fertig? Vor- und Nachteile von Fertigbrei *13*

Vegetarische/Vegane Ernährung – Gut für das Baby? 15

Viel Trinken! *16*

Hilfsmittel, die bei der Zubereitung von Beikost ein wahrer Segen sind *17*

Led Weaning *18*

Babynahrung würzen – Darf man das? *19*

Allergien und Nahrungsmittelunverträglichkeiten erkennen *20*

Essen nach Jahreszeit *21*

Gesunde Rezepte für Brei, die Ihrem Baby guttun 21

Vom 4. bis zum 6. Lebensmonat Mittag- und Abendessen *22*

Vom 6. bis zum 8. Lebensmonat / Frühstück, Mittag- und Abendessen *40*

Vom 8. Bis zum 10. Lebensmonat / Frühstück, Mittag- und Abendessen *61*

Vom 10. Bis zum 12. Lebensmonat / Frühstück, Mittag- und Abendessen 81

Backen, aber babygerecht 98

Vom 4. bis zum 6. Lebensmonat 98

Vom 6. bis zum 8. Lebensmonat 102

Vom 8. bis zum 10. Lebensmonat 105

Vom 10. bis zum 12. Lebensmonat 108

Tipps und Tricks, wenn es Ihrem Baby nicht gut geht 110

Das gehört in jede Hausapotheke 111

Was Oma schon wusste – hilfreiche Hausmittel 113

Schlusswort 117

Beikost und Babybrei

Einleitung

Der Kinderwunsch schleicht sich in der Regel still und heimlich in die Gedanken verliebter Pärchen. Nichts macht das Liebesglück vollkommener als die Geburt eines kleinen Engels. Schon während der Schwangerschaft schwirren den werdenden Eltern die unterschiedlichsten Fragen durch den Kopf, die einem manchmal auch schlaflose Nächte bereiten können. Vor allem die Frage, ob das Kind sich gut entwickeln und gesund heranwachsen wird, quält viele werdende Eltern.

Ein neuer Mensch, der ganz frisch das Licht der Welt erblickt, macht sich über solche Dinge keinerlei Gedanken. In erster Linie ist es für das Kind wichtig, dass es Eltern hat, die sich hingebungsvoll und fürsorglich um das Kind kümmern. Sind die Grundbedürfnisse Ihres Babys erfüllt, fühlt es sich wohl und geborgen.

Zu diesen wichtigen Grundbedürfnissen gehört unter anderem auch die Nahrung. Anfangs ist es noch recht einfach. Die Muttermilch liefert alle wichtigen Nährstoffe, die Ihr Baby benötigt. Doch irgendwann reicht das Ihrem Kind nicht mehr aus. Ihr Baby will die Vielfalt der Nahrungsmittel kennenlernen, mit Ihnen am Tisch sitzen und gemeinsam essen. Denn die Nahrungsaufnahme ist nicht nur wichtig, um den Energiehaushalt des Körpers aufzufüllen.

Mit der Familie zusammen zu essen stärkt das Gemeinschaftsgefühl und trägt dazu bei, das Band zwischen Ihnen und Ihrem Kind zu festigen.

Nun sind Sie als Eltern gefragt. Sie treffen die Entscheidung, wann und wie Sie Ihr Kind an feste Nahrung heranführen. Doch was ist das Beste für Ihr Kind? Ab wann dürfen Sie eigentlich mit der Beikost starten? Welche Lebensmittel sind überhaupt geeignet und wie sieht es mit Gewürzen aus?

So viele Fragen, auf die es auch eine Antwort gibt! Dieser Ratgeber wurde für alle geschrieben, die sich umfassend über das Thema Beikost informieren möchten. Hier erfahren Sie alles, was es über kindgerechte Ernährung zu wissen gibt. Vom richtigen Zeitpunkt, um mit der Beikost zu beginnen, über die Nahrungsmittelauswahl bis hin zu Tipps und Tricks, die allen Eltern den Umstieg von Milch auf Beikost vereinfachen.

Doch das ist noch lange nicht alles. Im umfangreichen Rezept-Teil finden Sie altersgerechte Beikost-Mahlzeiten, die alles andere als langweilig sind. Durch die Vielfalt der Nahrungsmittel, die uns in der heutigen Zeit zur Verfügung stehen, können Sie auch den Kleinsten einiges an Abwechslung für das Gläschen bieten. Unsere Rezepte lassen sich nicht nur schnell und einfach herstellen, sondern auch wunderbar vorbereiten. Also binden Sie sich schon mal die Schürze um und halten Sie den Kochlöffel bereit.

Genießen Sie diese spannende Zeit, in der Ihr Baby die Welt um sich herum entdeckt und kennenlernt. Denn sie ist rasend schnell wieder vorbei.

Dieser Ratgeber soll Ihnen als Leitfaden und Unterstützung dienen, um Sie so gut wie möglich auf den Übergang zur festen Nahrung vorzubereiten. Fördern Sie die natürliche Neugierde Ihres Babys und bieten Sie ihm jede Menge Abwechslung im Gläschen, damit es lernt, seinen ganz eigenen Geschmack zu entwickeln.

Viel Freude in dieser spannenden Lebensphase!

Der Ultimative Baby-Ratgeber

Die ersten Wochen mit Ihrem Baby vergehen wie im Flug. Nach der Geburt des kleinen Engels ist alles so aufregend und neu. Für frisch gebackene Eltern gibt es nichts Schöneres, als ihrem Baby beim Schlafen zuzusehen. Das Glück scheint perfekt.

Allerdings kommt recht schnell die erste Unsicherheit bei den Eltern auf. Die Angst, einen Fehler zu machen, ist allgegenwärtig. Doch das ist ganz normal. Schließlich ist die ganze Situation völlig neu. Die Verantwortung nicht nur für sich selbst, sondern auch für ein kleines, hilfloses Wesen zu übernehmen, kann manchmal sehr erschreckend sein. Aber wie schon viele andere Eltern vor Ihnen werden Sie in Ihre Rolle hineinwachsen, zusammen mit Ihrem Kind.

Indem Sie sich umfassend zum Thema Beikost informieren, können Sie sich selbst einen Teil dieser Angst nehmen. Denn mit genügend Wissen schaffen Sie sich die perfekte Grundlage, um Ihrem Kind den Start in die Beikost zu erleichtern, und können es bei seinem Reifeprozess tatkräftig unterstützen. Diese Unterstützung fängt schon in den ersten Lebenstagen an.

Wenn das Stillen nicht klappt

Stillen an sich ist einer der natürlichsten Prozesse der Welt. Ganz instinktiv weiß das Baby, dass es an den Brustwarzen der Mutter saugen muss, um an die Muttermilch zu kommen. Das Stillen verstärkt die sowieso schon vorhandene Bindung zwischen Mutter und Kind. Die Muttermilch an sich ist für das Baby das gesündeste, das es in den ersten Monaten bekommen kann. Sie versorgt das Baby mit allen lebensnotwendigen Nährstoffen.

Jedoch gibt es immer wieder Mütter, die sich bewusst gegen das Stillen entscheiden. Oder Sie können es nicht, weil sie zu wenig Milch produzieren oder aus anderen gesundheitlichen Gründen nicht dazu in der Lage sind. Viele Mütter fühlen sich schlecht, weil sie ihr Kind nicht stillen können. Doch das ist nicht notwendig! Ihr Kind wird mit der Flasche ebenso gut heranwachsen wie ein Kind, das gestillt wird. Moderne Babynahrung, die Sie Ihrem Kind geben können, ist ebenfalls auf die Bedürfnisse Ihres Babys abgestimmt.

Wichtig ist, dass Sie alles Erforderliche immer bei sich haben, um Ihrem Baby ein Fläschchen zu richten. In die Wickeltasche gehören deshalb immer:

- Ein geeignetes Fläschchen.
- Der passende Sauger (Latexsauger sind meist angenehmer für Ihr Baby). Mittlerweile gibt es ergonomische Sauger auf dem Markt, die der Form einer Brustwarze ähnlich sind.
- Eine Thermoskanne für heißes Wasser und eine Flasche mit abgekochtem, kaltem Wasser. Auf diese

Weise können Sie das Fläschchen sofort trinkfertig auf Körpertemperatur zubereiten.
- Das Milchpulver, abgestimmt auf das Alter Ihre Babys.

Für Zuhause sollten Sie außerdem immer bereithalten:

- Ein Sterilisiergerät, um Bakterien und Viren abzutöten, die sich in Fläschchen und Sauger bilden können. Das ist vor allem in den ersten Wochen sehr wichtig, da Ihr Baby noch nicht über genügend Abwehrkräfte verfügt. Es gibt allerdings auch Fläschchen, die sich eigenständig in der Mikrowelle sterilisieren lassen.
- In einem Flaschenwärmer können Sie das Fläschchen auf die richtige Temperatur langsam erwärmen. Das funktioniert allerdings nur Zuhause.

Probleme, die auftreten können

Durch das Trinken mit dem Fläschchen kann Luft mit verschluckt werden. Deshalb kommt es bei Babys mitunter zu Blähungen. Das können Sie vermeiden, indem Sie beim Kauf auf die Form der Sauger achten. Bei Saugern in Form einer Brustwarze sind Blähungen eher selten. Sollte es dennoch bei Ihrem Baby zu Blähungen kommen, hilft eine leichte Bauchmassage. Fahren Sie mit leichtem Druck kreisförmig mit Ihren Fingern über den Bauch Ihres Babys. Auch ein Fencheltee kann Linderung verschaffen.

Kinder, die das Fläschchen bekommen, leiden häufiger an Verstopfung. Die Zusammensetzung der einzelnen Milchpulver-Produkte ist daran schuld. Es gibt Kinder, die Probleme damit haben, diese Milch richtig verdauen zu können. Wenn es bei Ihrem Baby zu Verstopfung kommt, sollten Sie deshalb die einzelnen Marken durchprobieren, bis Sie das passende Produkt für Ihr Baby gefunden haben. Ihr Kinderarzt kann bei der Suche ebenfalls zurate gezogen werden.

Sollte Ihr Baby das Fläschchen verweigern, kann es dafür mehrere Gründe geben. Zum einen kann es sein, dass Ihrem Baby die Milch nicht schmeckt. In diesem Fall wechseln Sie am besten die Marke. Zum anderen können die Form und das Material des Saugers Ihrem Baby missfallen. Dann sollten Sie solange probieren, bis Sie den passenden Sauger gefunden haben. Sie werden relativ schnell merken, was Ihrem kleinen Engel gefällt und was er gar nicht mag.

Alles über Beikost

Es ist unglaublich, wie schnell sich kleine Babys weiterentwickeln. Sicherlich kommt es Ihnen oft so vor, als sei die Geburt erst gestern gewesen. Vor allem im 1. Lebensjahr sind die Entwicklungsschritte Ihres Babys fast täglich sichtbar. Da stellt sich relativ schnell die Frage, wann Ihr Baby bereit ist für seine erste Beikost.

Einen genauen Zeitpunkt kann man hier nur schwer bestimmen, denn jedes Kind entwickelt sich anders. Allerdings sollten Sie sich ungefähr ab dem 5. Monat Ihre Gedanken zum Thema Beikost machen. Denn in diesem Alter bereitet sich der Körper Ihres Babys auf seine erste, feste Nahrung vor. Machen Sie sich jedoch bewusst, dass die Beikost innerhalb des 1. Lebensjahres anfangs nur eine Ergänzung zur Muttermilch darstellt. Sie führen Ihr Kind also Schritt für Schritt an die feste Nahrung heran, bis Sie jede Mahlzeit durch Beikost ersetzt haben.

Wie Sie erkennen, ob Ihr Baby für Beikost bereit ist

Bei der Umstellung auf die Beikost ist es wichtig, die Signale Ihres Kindes richtig zu deuten. Denn es bringt nichts, Ihrem Kind Beikost anzubieten, wenn es noch gar kein Interesse daran hat. Jedes Kind macht in dieser Hinsicht seine eigenen Entwicklungsschritte.

Ihr Baby ist für die Beikost bereit, wenn
- das Köpfchen selbstständig gehalten werden kann
- es Kaubewegungen macht, während es Sie beim Essen beobachtet
- der erste Zahn durchgebrochen ist
- es aufrecht sitzen kann
- die Feinmotorik Ihres Babys soweit entwickelt ist, dass es mit 2 Fingern oder sogar der ganzen Hand etwas greifen und zum Mund führen kann
- es schon einen Löffel selbstständig in den Mund nimmt
- der Zungenstoßreflex einsetzt
- es generell Interesse am Essen zeigt

Ihr Baby ist definitiv noch nicht bereit, wenn es seinen Kopf wegdreht, sobald der Löffel kommt. Ist das der Fall, dann warten Sie noch eine Weile, bevor Sie es wieder versuchen. Sollten Sie schon recht früh die ersten positiven Anzeichen wahrnehmen, dann sollten Sie schnellstmöglich die erste Beikost anbieten.

Woraus besteht der erste Brei?

Wenn Sie mit der Beikost starten, sollten Sie mittags mit einem Gemüsebrei beginnen. Dafür eignen sich gedünstete Pastinaken oder Möhren besonders gut, denn dieses Gemüse ist von Natur aus etwas süßlich. Wichtig ist, dass der erste Brei nicht zu dick ist, sondern eher etwas flüssiger. Auch muss er sehr fein püriert sein und darf keinerlei Stückchen enthalten. Denn Ihr Baby könnte sich sonst verschlucken oder anfangen zu würgen. Füttern Sie den Gemüsebrei in den ersten zwei Wochen. Wenn Ihr Brei zu fest ist, verdünnen Sie ihn am besten mit Wasser oder Apfelsaft.

Nimmt Ihr Baby seinen ersten Brei gut an, können Sie den Brei mit Kartoffeln ergänzen. Auch hier sollten Sie darauf achten, dass der Brei nicht zu fest ist. Auch diese Kombination geben Sie Ihrem Baby etwa zwei Wochen lang zu essen. Am Ende der zwei Wochen sollte der Mittagsbrei insgesamt 150g beinhalten, nämlich 50g Kartoffeln und 100g Gemüse. Im nächsten Schritt fügen Sie dem Brei einen Esslöffel Rapsöl hinzu sowie 30g Fleisch, um den Eisenbedarf Ihres Babys zu decken. Alternativ können Sie auch 10g Hirse- oder Haferflocken dazugeben. Um den Vitaminbedarf Ihres Babys zu decken, fügen Sie etwas Saft oder Obstmus zum Brei dazu.

Nach 2 Monaten sollte Ihr Baby mittags eine komplette Mahlzeit zu sich nehmen. Dann ist es an der Zeit, die Mittagsmahlzeit mit unterschiedlichen Gemüse- und Fleischsorten zu kombinieren, um Ihrem Baby die Nahrungsmittelvielfalt näher zu bringen.

Wichtige Nährstoffe, die Ihr Baby für ein gesundes Wachstum benötigt:

- Zink
- Vitamin D
- Vitamin C
- Kalzium
- Folsäure
- Magnesium
- Eiweiß
- Eisen
- Natrium

Fix und fertig? Vor- und Nachteile von Fertigbrei

Im Handel finden Sie eine Vielzahl an fertigen Babybrei der unterschiedlichen Hersteller. Warum sollten Sie also selbst Beikost zubereiten, wenn Sie und Ihr Baby im Supermarkt die Wahl haben? Ein gekaufter Brei ist zudem auch sehr schnell zubereitet, da Sie ihn nur erwärmen und nicht alle Zutaten vorbereiten und kochen müssen.

Doch wenn Sie einen Blick auf die Zutatenliste werfen, werden Sie in vielen Gläschen zu viele Fette und sogar zugesetzten Zucker finden. Vor allem in Milch- und Getreidebrei aus dem Supermarkt ist zugesetzter Zucker enthalten.

Wenn Sie Ihre Baby-Mahlzeiten selbst zubereiten, wissen Sie ganz genau, was darin enthalten ist. Denn Sie allein bestimmen, welche Lebensmittel Ihr Baby zu sich nimmt und was nicht. Sollten bei Ihrem Baby Allergien oder Nahrungsmittelunverträglichkeiten auftreten, können Sie Ihrem Kinderarzt ganz genau sagen, was in Ihrem Brei enthalten war.

Auch ein selbstgekochter Brei kann schnell gehen. Denn niemand sagt, dass Sie die Beikost jeden Tag frisch zubereiten müssen. Sie können Mittagsmahlzeiten sehr gut vorkochen und problemlos einfrieren. Holen Sie die Beikost am Vorabend einfach aus der Kühltruhe und lassen Sie das Ganze langsam im Kühlschrank antauen. Nur noch vor dem Servieren ins Wasserbad stellen und erwärmen.

Kleiner Tipp: Gerichte mit Avocado, Banane oder Melone sollten nicht eingefroren werden. Denn diese Zutaten verändern ihren Geschmack und werden gerne bitter oder auch sauer. Am besten kurz vor dem Füttern in den Brei mischen.

Vegetarische/Vegane Ernährung – Gut für das Baby?

An und für sich sprich nichts gegen eine vegetarische Ernährung, solange Sie darauf achten, dass Ihr Baby alle wichtigen Vitamine und Nährstoffe zu sich nimmt, die es benötigt. Dazu müssen Sie vielseitige und nährstoffreiche Lebensmittel zum Einsatz bringen, wie Hülsenfrüchte, Obst, Gemüse und eine gesunde Portion tierischer Produkte wie Milch oder Eier. Achten Sie jedoch darauf, ob Ihr Baby das richtige Alter für das jeweilige Lebensmittel hat. Eier dürfen zum Beispiel erst ab dem 11. Monat gefüttert werden und auch Hülsenfrüchte kommen erst später dazu.

Schreiben Sie sich am besten auf, was genau Sie Ihrem Kind wann füttern dürfen. Zink und Eisen sind für Babys besonders wichtig. Diese werden in der Regel durch Fisch und Fleisch aufgenommen. Ernähren Sie Ihr Baby vegetarisch, müssen Sie hier auf die richtige Menge Haferflocken oder Hirse zurückgreifen.

Von einer rein pflanzlichen, veganen Ernährung ist bei Babys allerdings abzuraten. Denn Sie erhalten nicht die notwendigen Nährstoffe, die sie dringend benötigen. Das kann vor allem in den ersten Lebensmonaten zu immensen Entwicklungsstörungen führen. Eine vegane Mahlzeit sollte deshalb nur die Ausnahme sein.

Sollten Sie dennoch auf eine vegane Ernährung bei Ihrem Baby bestehen, sprechen Sie mit Ihrem Kinderarzt. Er kann Ihnen weiterhelfen und gegebenenfalls Nahrungsergänzungsmittel verabreichen, damit Ihr Baby keinen Nährstoffmangel erleidet. Allerdings sollten Sie in erster Linie immer das Wohl Ihres Babys im Blick haben, nicht Ihre persönliche Lebensphilosophie.

Viel Trinken!

Während Sie Ihr Baby mit Muttermilch oder dem Fläschchen stillen, sind zusätzliche Getränke nicht notwendig. Denn Ihr Baby bekommt genügend Flüssigkeit. Das ändert sich allerdings, wenn Sie auf die Beikost umstellen. Auch Ihr Baby wir merken, dass es jetzt vermehrt Durst bekommt. Der beste Durstlöscher, vor allem in der Anfangsphase, ist abgekochtes Wasser.

Auf die heilende Wirkung von ungesüßten Tees sollten Sie immer dann zurückgreifen, wenn Ihr Baby krank ist oder Bauchschmerzen hat. Früchtetees sind nur bedingt zu empfehlen, denn diese enthalten viel Fruchtsäure. Ihr Baby könnte dadurch einen wunden Po bekommen.

Auf Säfte sollten Sie ganz verzichten. Denn diese enthalten sowohl Fruchtsäure als auch Fruchtzucker. Das schadet den ersten Zähnchen und wirkt durch die Säure ebenfalls abführend.

Achten Sie darauf, Ihr Baby so früh wie möglich an den Becher zu gewöhnen. Es gibt spezielle Babybecher mit zwei Henkeln an der Seite, um den Becher besser halten zu können. Das schont von Beginn an die kleinen Zähnchen.

Auf süße, zuckerhaltige Getränke sollten Sie komplett verzichten. Gewöhnen Sie Ihr Baby schon am Anfang an eine gesunde, ausgewogene Ernährung ohne zugesetzten Zucker, auch bei den Getränken.

Hilfsmittel, die bei der Zubereitung von Beikost ein wahrer Segen sind

Den ersten Brei herzustellen ist eigentlich nicht sehr schwer. Es gibt aber kleine Hilfsmittelchen, die die Zubereitung noch einfacher machen können.

Allseits beliebt ist der Dampfgarer. Er ist in vielen verschiedenen Variationen erhältlich und ersetzt die Zubereitung im Topf. Ein Dampfgarer gart alle Zutaten für den Brei schonend mit Wasserdampf. Diese schonende Art der Zubereitung sorgt dafür, dass in den Zutaten die Vitamine und Nährstoffe weitestgehend erhalten bleiben.

Auch wunderbar praktisch sind Gefrierbeutel oder -dosen, die Baby-Portionsgröße haben. Vorgekochte Baby-Menüs lassen sich so perfekt einfrieren. Sie müssen nur eine Portion aus der Tiefkühltruhe entnehmen und langsam erwärmen.

Led Weaning

Die meisten Eltern sind nach der Muttermilch-Entwöhnung Ihres Kindes auf die übliche Beikost eingestellt. Jedoch gibt es schon seit Längerem einen Trend, dem schon einige Eltern erfolgreich gefolgt sind.

Es geht hierbei in erster Linie darum, dass Ihr Kind nicht wie üblich einen hergestellten Brei zu essen bekommt, sondern sich selbst aussuchen darf, was und wie viel es davon essen möchte. Natürlich sind nicht alle Lebensmittel dazu geeignet. Ihr Kind sollte die Nahrung selbstständig festhalten, kauen und schlucken können. Auf Gewürze wie Salz und Zucker wird ebenfalls verzichtet.

Wunderbar geeignet für das Led Weaning sind Obst- und Gemüsesorten, die sich in fingerdicke Stücke schneiden lassen oder von sich aus nicht zu groß sind. Hervorragend geeignet für Led Weaning sind:

- Banane
- Birne
- Apfel
- Melone
- Möhren
- Pastinaken
- Gurke
- Blumenkohl
- Brokkoli
- Usw.

Gemüse sollten Sie allerdings nicht roh anbieten, sondern durchgaren, damit es schön weich ist und sich Ihr Kind nicht daran verschlucken kann.

Der große Vorteil von Led Weaning ist, dass Ihr Kind schon sehr früh den Umgang mit den verschiedenen Lebensmitteln lernt. Es kann auf eine kulinarische Entdeckungsreise gehen und die Lebensmittel in ihrer Reinform schmecken.

Led Weaning ist sehr vielschichtig und umfangreich, weshalb wir diesem Thema ein eigenes Buch widmen werden. Seien Sie gespannt.

Babynahrung würzen – Darf man das?

Ob, wie und ab wann Beikost gewürzt wird, hängt in erster Linie vom Alter des Kindes und auch vom Kulturkreis ab. In Indien mischt man dem Baby schon recht früh die unterschiedlichsten Gewürze in die Beikost, um sie an das scharf gewürzte Essen zu gewöhnen. Knoblauch oder Ingwer sind ganz selbstverständliche Zutaten in Babys Brei.

Bei uns hingegen wird empfohlen, vor allem im ersten Lebensjahr komplett auf Gewürze zu verzichten. Die Babys sollen den reinen Geschmack der Lebensmittel kennenlernen, ohne Verfälschung durch Gewürze. Ab dem 1. Lebensjahr kann das Essen leicht gesalzen werden. Auch etwas Knoblauch ist dann erlaubt.
Sobald Ihr Kind bereit ist, das Familienessen zu sich zu nehmen, können Sie auch ein bisschen mehr würzen. Allerdings sollten Sie darauf achten, es nicht zu übertreiben.

Der Magen Ihres Kindes ist noch recht empfindlich und verträgt einige Gewürze einfach noch nicht so gut. Am besten führen Sie Ihr Kind langsam an die Gewürzvielfalt heran.

Kleiner Tipp: Bevor Sie die Familienmahlzeit entsprechend würzen, füllen Sie die Portion für Ihr Kind einfach schon mal ab. Somit können Sie selbst bestimmen, ob und wie Sie die Kindermahlzeit würzen.

Allergien und Nahrungsmittelunverträglichkeiten erkennen

Leider kann jedes Kind irgendwann eine Allergie oder eine Nahrungsmittelunverträglichkeit entwickeln. Besonders Kinder, die aus Allergiker-Familien kommen, sind gefährdet. Deshalb ist es wichtig, Ihr Baby genau im Auge zu behalten und zu beobachten, ob es auf ein Lebensmittel besonders reagiert.

Besonders Gluten, welches in Getreide- und Mehlprodukten wie Nudeln oder auch Reis enthalten ist, kann eine Unverträglichkeit bei Ihrem Baby auslösen. Hier gibt es allerdings eine Menge glutenfreier Alternativen, auf die Sie ohne Probleme zurückgreifen können.
Sollten Sie bei Ihrem Baby eine mögliche Allergie oder Unverträglichkeit vermuten, besprechen Sie sich unbedingt mit Ihrem Kinderarzt. Er kann Ihnen weiterhelfen.

Essen nach Jahreszeit

Bereiten Sie die Beikost am besten immer mit frischen Zutaten zu. Deshalb wählen Sie in erster Linie immer Lebensmittel, die aus der Region kommen und gerade Saison haben. So können Sie absolut sicher sein, dass Gemüse und Obst wirklich frisch sind und durch den Reifeprozess genügend Nährstoffe enthalten.

Auch für die Umwelt sind regionale Lebensmittel besser, denn sie mussten nicht umständlich mit Flugzeug oder Schiff in die Supermärkte transportiert werden.

Gesunde Rezepte für Brei, die Ihrem Baby guttun

In den nächsten Abschnitten widmen wir uns endlich dem Teil dieses Buches, der Sie wahrscheinlich am meisten interessiert. Der Einfachheit halber haben wir die Rezepte nach dem jeweiligen Lebensabschnitt sortiert und diese wiederum in Frühstück, Mittagessen und Abendessen eingeteilt. Sie erwartet abwechslungsreiche Beikost, die Sie ohne viel Aufwand selbst zubereiten können. Lassen Sie sich überraschen, wie abwechslungsreich so ein Brei sein kann.

Vom 4. bis zum 6. Lebensmonat Mittag- und Abendessen

Mittagessen

Mit Fleisch

Hähnchen-Fenchel-Brei
Zutaten für 4 Gläschen:

- 4 kleine Kartoffeln (200g)
- 700ml Wasser
- 1 Beutel ungesüßter Fencheltee
- 2 kleine Fenchelknollen (350g)
- 1 kleines Hühnerbrustfilet (100g)
- ½ kleine Birne, weich (50g)
- 4 EL Rapsöl

Zubereitung:

Kochen Sie das Wasser und übergießen Sie den Fencheltee damit. 10 Minuten darf er dann ziehen.

In der Zwischenzeit schälen Sie die Kartoffeln und schneiden sie in kleine Würfel. Der Fenchel wird ebenfalls geputzt und in dünne Scheiben geschnitten. Das Hühnchen abwaschen, trockentupfen und in kleine Würfel schneiden.

Nun nehmen Sie den Teebeutel heraus und gießen 600ml des Tees in einen Topf. Aufkochen und Fenchel, Hühnchen und Kartoffeln dazugeben. Deckel drauf und 15 Minuten garkochen.

Schälen Sie die Birne, entfernen Sie die Kerne und schneiden sie klein. Dann nach der Garzeit in den Topf geben. Diesen von der Herdplatte nehmen und mit dem Stabmixer sehr fein pürieren. Zum Schluss das Öl untermischen. Wenn der Brei etwas zu dickflüssig ist, geben etwas von dem restlichen Fencheltee dazu.

Kleiner Tipp: Eine Portion können Sie Ihrem Baby sofort füttern. Der Rest lässt sich wunderbar in dafür geeigneten Behältern einfrieren und hält etwa 2 Wochen.

Möhren-Schweine-Brei

Zutaten für 1 Portion:
- 1 kleine Kartoffel (50g)
- 1 kleines Stück mageres Schweinefilet (20g)
- 1 große Möhre (100g)
- 100ml Wasser
- 1 EL Rapsöl
- 3 EL Apfelsaft

Zubereitung:
Schälen Sie die Kartoffel und die Möhre, dann schneiden Sie das Gemüse in kleine Würfel.

Das Fleisch wird gewaschen, trocken getupft und anschließend auch klein gewürfelt.

Geben Sie das Fleisch sowie das Gemüse in einen Topf mit 100ml kochendem Wasser. Den Deckel darauf und 10 Minuten auf mittlerer Flamme garen.

Nach der Garzeit nehmen Sie den Topf vom Herd, geben den Saft hinzu und pürieren das Ganze mit dem Stabmixer. Zum Schluss das Öl einrühren, etwas abkühlen lassen und Ihrem Baby füttern.

Hähnchen-Topinambur-Brei
Zutaten für 1 Portion:
- ½ Orange (125g)
- 1 ½ EL zarte Haferflocken (10g)
- 1 kleines Stück Hühnerbrust (30g)
- 120ml Wasser
- 1 großes Stück Topinambur (100g)
- 1 EL Rapsöl

Zubereitung:
Schälen Sie den Topinambur und schneiden Sie ihn in Würfel, etwa 1 cm groß. Das Hühnchen abwaschen, trockentupfen und ebenfalls würfeln.

Bringen Sie das Wasser in einem Topf zum Kochen, dann geben Sie Hühnchen und Topinambur hinzu. Zudecken und bei mittlerer Flamme 13 Minuten garen. In der Zwischenzeit pressen Sie den Saft der Orange aus.

Geben Sie nach der Garzeit 5 EL Orangensaft, das Öl und die Haferflocken mit in den Topf. Kurz mit garen, dann vom Herd nehmen und fein pürieren.

In eine Schale füllen, kurz abkühlen lassen und Ihrem Baby füttern. Temperatur prüfen!

Hackfleisch-Zucchinibrei mit Nudeln

Zutaten für 4 Portionen:
- 2 Zucchini (300g)
- 80g Hackfleisch, gemischt
- 4 EL Rapsöl
- 1 Salbeiblatt
- 100g Vollkornnudeln

Zubereitung:
Waschen und schälen Sie die Zucchini, dann reiben Sie diese grob mit der Küchenreibe. Die Nudeln nach Anleitung mit dem Salbeiblatt kochen, abgießen und abtropfen lassen. Das Nudelwasser auffangen.

Erwärmen Sie 1 EL Öl in einem Topf und dünsten Sie das Hackfleisch auf kleiner Flamme leicht an. Wichtig: Nicht braten! Dann geben Sie die Zucchini hinein, schließen den Deckel und garen alles zusammen für 15 Minuten auf kleiner Flamme. Sollte die Garflüssigkeit bei Hackfleisch und Zucchini vorschnell verdampft sein, geben Sie etwas Nudelwasser dazu.

Nach der Garzeit mischen Sie die Nudeln unter Hackfleisch und Zucchini. Dann mit dem Stabmixer gut pürieren. Das restliche Öl und nach Bedarf Nudelwasser dazugeben, bis ein sämiger Brei entstanden ist. Die erste Portion noch warm füttern, den Rest einfrieren.

Pilz-Kartoffelbrei mit Fleisch

Zutaten für 1 Portion:
- 1 Kartoffel (80g)
- 1 kleines Stück mageres Schweinefleisch (25g)
- 5-6 Champignons (100g)
- 100ml Wasser
- 1 EL Rapsöl
- 1 EL Apfelsaft

Zubereitung:
Schälen Sie die Kartoffeln und schneiden Sie diese in kleine Würfel. Dann die Champignons putzen und in feine Scheiben schneiden.
Das Fleisch ebenfalls kurz abwaschen, trocknen und fein würfeln.

Kochen Sie die Kartoffeln zusammen mit dem Fleisch in einem Topf mit 100ml Wasser auf. Bei mittlerer Flamme 15 Minuten abgedeckt garen. Nach 10 Minuten Garzeit geben Sie die Champignons dazu.

Sind die Zutaten im Topf gar, nehmen Sie diesen von der Kochstelle und geben den Apfelsaft sowie das Öl mit hinein. Gut mischen und mit dem Stabmixer fein pürieren.

In eine Schale füllen, kurz abkühlen lassen und Ihrem Baby füttern.

Couscous-Brei mit Pute

Zutaten für 1 Portion:
- 1 kleines Stück Putenbrust (25g)
- 4 EL Couscous (50g)
- 150ml Wasser
- ½ Möhre (30g)
- ½ Orange

Zubereitung:
Zuerst die Möhre von der Schale befreien und in kleine Würfel schneiden. Dann das Putenfleisch klein würfeln.

Geben Sie das Wasser in einen Topf und bringen Sie es zum Kochen. Dann geben Sie die Pute hinein und garen das Fleisch für 5 Minuten. Nach dieser Zeit die Möhren mit in den Topf geben und weitere 10 Minuten auf mittlerer Flamme mit Deckel köcheln lassen.

Den Couscous nach Packungsanleitung zubereiten.

Nach der Garzeit den Topf mit dem Gemüse und dem Fleisch von der Kochstelle nehmen und den Couscous hinzugeben. Die Orange auspressen und 3 EL Saft ebenfalls in den Topf geben. Dann mit dem Stabmixer fein pürieren.

Portionieren und die erste Portion sofort füttern. Den Rest des Mittagsmenüs einfrieren.

Kleiner Tipp: Wenn Ihr Kind schon etwas älter ist, können Sie den Couscous auch unpüriert füttern.

Wurzelgemüse mit Hühnchen

Zutaten für 2 Portionen:
- 1 Kartoffel (50g)
- 1 kleine Möhre (50g)
- 1 keine Pastinake (50g)
- 1 Stück Petersilienwurzel (50g)
- 1 kleines Stück Hühnerbrust (50g)
- 2 EL Apfelsaft
- 2 EL Rapsöl

Zubereitung:
Das Gemüse waschen, schälen und in kleine Würfel schneiden. In einen Topf geben und komplett mit Wasser bedecken. Dann das Hühnchen in kleine Würfel schneiden und ebenso in den Topf geben. Zusammen zum Kochen bringen und bei geschlossenem Deckel 15 Minuten auf mittlerer Flamme garen.

Nach der Garzeit den Zopf von der Kochstelle nehmen und mit dem Stabmixer fein pürieren. Apfelsaft und Öl untermischen.

Die erste Portion in eine Schale geben und sofort füttern. Den Rest einfach einfrieren.

Ohne Fleisch

Zucchinibrei mit Dinkelflocken
Zutaten für 4 Portionen:
- 1 Zucchini (200g)
- 20 EL Dinkelflocken (200g)
- 2 EL Apfelsaft
- 150ml Wasser
- 3 EL Rapsöl

Zubereitung:
Zuerst schälen Sie die Zucchini und schneiden diese in kleine Würfel. Dann mit etwas Wasser zusammen in einen Topf geben und so lange kochen lassen, bis die Zucchini gar sind. In ein Sieb abschütten.

Bringen Sie in einem Wasserkocher 150ml Wasser zum Kochen und übergießen Sie damit die Dinkelflocken. Gut vermengen und 5 Minuten ziehen lassen.

Die Zucchini zu den Dinkelflocken dazugeben und den Apfelsaft mit unterrühren. Dann mit dem Stabmixer fein pürieren und das Öl dazugeben.
Die erste Portion können Sie sofort füttern. Der Rest lässt sich problemlos portionsweise einfrieren.

Fenchel-Kürbis-Brei
Zutaten für 4 Portionen:
- 1 Fenchelknolle (200g)
- ½ Hokkaidokürbis (200g)
- 4 EL Reis (50g)
- 1 EL Apfelsaft
- 3 EL Rapsöl

Zubereitung:
Den Kürbis schälen, entkernen und in kleine Würfel schneiden. Dann den Fenchel fein hacken. Zusammen in einem Topf mit Wasser so lange kochen, bis das Ganze gar und schön weich ist. Abschütten und das Wasser auffangen.

Den Reis nach Packungsanleitung garkochen und in ein Sieb abschütten.
Alle Zutaten zusammen in eine Schüssel geben und mit dem Apfelsaft fein pürieren. Sollte der Brei noch zu dickflüssig sein, etwas von dem aufgefangenen Kürbis-Fenchel-Wasser hineingeben.

Zum Schluss das Öl untermischen. Die erste Portion füttern, den Rest einfrieren.

Kartoffelbrei mit Spinat

Zutaten für 2 Portionen:
- 2 Kartoffeln (100g)
- 200ml Wasser
- 1 Handvoll Blattspinat (100g)
- 1 EL Apfelsaft
- 2 EL Rapsöl

Zubereitung:
Die Kartoffeln schälen und in kleine Würfel schneiden. Dann in einem Topf mit dem Wasser zum Kochen bringen. 15 Minuten kochen.

Dann den Blattspinat dazugeben, nochmals 10 Minuten bei mittlerer Flamme köcheln. Wenn nötig, noch etwas Wasser dazugeben.

Ist das Gemüse schön weich, den Topf von der Kochstelle nehmen und den Apfelsaft mit hineingeben. Dann mit dem Stabmixer sehr fein pürieren. Zum Schluss das Öl untermischen.

Die erste Portion können Sie Ihrem Baby sofort füttern, den Rest portionsweise einfrieren.

Nachmittag / Abendessen

Apfel-Trinkbrei
Zutaten für 1 Portion:
- 1 EL Apfelsaft
- 2 EL Vollkorn-Reisschleim (20g)
- 200ml Milch (3,5 % Fett)

Zubereitung:
Erwärmen Sie 100ml Milch in einem Topf. Dann rühren Sie den Reisschleim mit dem Schneebesen ein. Aufkochen und 3 Minuten köcheln lassen, dabei ständig Rühren, damit nichts anbrennt.

Nehmen Sie danach den Topf von der Kochstelle, geben Sie die restliche Milch sowie den Apfelsaft hinein. Gut verrühren.

Anschließend füllen Sie den Brei in ein Fläschchen und verwenden zum Füttern den Breisauger. Bevor Sie Füttern, unbedingt die Temperatur überprüfen!

Getreidebrei mit Mandelmus

Zutaten für 1 Portion:
- 4 EL Vollkornhaferflocken (50g)
- 2 EL Hirseflocken (25g)
- 75ml Wasser
- 1 TL Mandelmus (Bio, ohne Zucker)

Zubereitung:
Bringen Sie in einem Topf das Wasser zum Kochen. Dann rühren Sie zuerst die Haferflocken, danach die Hirseflocken hinein. Gut miteinander vermengen und von der Kochstelle nehmen.

Lassen Sie das Ganze für 5 Minuten ziehen. Dann geben Sie das Mandelmus dazu. Vermischen und in eine Schale füllen.

Abkühlen lassen und Ihrem Baby warm füttern.

Bananenmus mit Gurke

Zutaten für 1 Portion:
- ½ reife Banane (50g)
- ¼ Salatgurke (30g)
- ½ EL Apfelsaft
- 1 EL Rapsöl

Zubereitung:
Banane sowie Gurke schälen und sehr klein schneiden. Zusammen mit dem Apfelsaft in einen Mixer geben und pürieren.

In eine Schale umfüllen und das Öl untermischen. Dann ist der Brei servierfertig.

Getreide-Birnen-Brei mit Banane

Zutaten für 1 Portion:
- ½ reife Banane (50g)
- ½ Birne (30g)
- 2 EL Haferflocken (25g)
- 25ml Wasser
- 1 EL Apfelsaft
- 1 EL Rapsöl

Zubereitung:
Schneiden Sie die Banane in kleine Stücke. Die Birne vom Gehäuse befreien und ebenfalls klein würfeln.

Bringen Sie das Wasser zum Kochen (am besten in einem Wasserkocher) und übergießen Sie damit de Haferflocken. Vermischen und so lange ziehen lassen, bis sie schön weich geworden sind.

Geben Sie das Obst zu den Haferflocken dazu und pürieren Sie das Ganze mit dem Stabmixer. Zum Schluss Apfelsaft und Öl untermischen. Sofort füttern.

Birnenpüree mit Buchweizen
Zutaten für 1 Portion:
- 3 EL Buchweizen (50g)
- ½ Birne (30g)
- 50ml Wasser
- 1 EL Apfelsaft

Zubereitung:
Das Kerngehäuse der Birne entfernen und sehr klein schneiden.
Bringen Sie das Wasser in einem Topf zum Kochen und geben Sie die Birne sowie den Buchweizen dazu. Gut verrühren und bei mittlerer Flamme so lange köcheln, bis alles schön weich ist.

Von der Kochstelle nehmen und den Apfelsaft unterrühren. Dann in eine Schale umfüllen und Ihrem Baby füttern, sobald der Brei eine angenehme Temperatur aufweist.

Hirse-Sellerie-Brei

Zutaten für 1 Portion:
- 4 EL Hirse (50g)
- ½ Knollensellerie (50g)
- 1 EL Apfelsaft
- 1 EL Rapsöl
- 100ml Wasser

Zubereitung:
Den Sellerie schälen und klein würfeln.
Das Wasser in einen Topf geben und den Sellerie zusammen mit der Hirse darin bei kleiner Flamme leicht garen. Es dauert etwa 15-20 Minuten, bis das Ganze gar und weich ist.

Dann von der Kochstelle nehmen, den Saft sowie das Öl untermischen und mit dem Stabmixer fein pürieren.

In eine Schale füllen und sofort füttern.

Abend-Grießbrei mit Obst

Zutaten für 1 Portion:
- 2 EL Grieß (25g)
- 50ml Wasser
- 1 Banane

Zubereitung:
Kochen Sie das Wasser in einem Topf auf und rühren Sie mit dem Schneebesen den Grieß hinein. Von der Kochstelle nehmen und 5-10 Minuten ziehen lassen.

In der Zwischenzeit können Sie die Banane schälen, klein schneiden und mit einer Gabel zu Mus quetschen.

Wenn der Grieß soweit ist, mischen Sie die Banane darunter. Sollte das Ganze noch etwas zu grob sein, einfach mit dem Stabmixer pürieren.

In eine Schale umfüllen und Ihrem Baby füttern.

Apfelbrei mit Kaki

Zutaten für 1 Portion:
- 1 EL Haferflocken (10g)
- 100ml Wasser
- 1 Apfel (80g)
- 2 Kaki (100g)
- 1 EL Apfelsaft
- 1 EL Rapsöl

Zubereitung:
Den Apfel schälen und entkernen, dann in kleine Würfel schneiden. Kaki ebenfalls schälen und klein schneiden. Dann zusammen in einen Topf mit dem Wasser geben und 30 Minuten bei kleiner Flamme weichkochen. Nach der Garzeit von der Kochstelle nehmen und pürieren.

Die Haferflocken mit etwas kochendem Wasser übergießen und 5 Minuten ziehen lassen. Dann zum Obst in den Topf geben und mit dem Apfelsaft und dem Öl vermischen. In eine Schale füllen und bei angenehmer Temperatur füttern.

Vom 6. bis zum 8. Lebensmonat / Frühstück, Mittag- und Abendessen

So langsam, aber sicher wird die Milchmahlzeit immer mehr durch feste Nahrung ersetzt.

Frühstück

Hirsebrei mit Apfel und Sanddorn
Zutaten für 1 Portion:
- 2 EL Hirse (20g)
- ½ kleiner Apfel (50g)
- 200ml Milch 3,5 % Fett
- 1 TL ungesüßter Sanddornsaft

Zubereitung:
Erwärmen Sie die Milch in einem Topf. Rühren Sie die Hirse hinein und lassen Sie das Ganze aufkochen. Etwa 2 Minuten köcheln lassen, dabei ständig rühren, dass die Milch nicht anbrennt.

Putzen Sie den Apfel und entfernen Sie die Schale sowie die Kerne. Klein würfeln und ebenfalls in den Topf geben.

Nehmen Sie dann den Topf vom Herd und lassen Sie die Äpfel für 5 Minuten im warmen Brei dünsten. Anschließend den Sanddorn unterrühren und mit dem Stabmixer pürieren. Sollte der Brei etwas zu fest sein, können Sie ihn mit einem Schuss Wasser verdünnen.

Apfel-Zwieback-Brei

Zutaten für 1 Portion:
- 3 Stück Zwieback (50g)
- 1 Apfel(80g)
- 1 EL Apfelsaft
- 50ml Milch (3,5 % Fett)
- Etwas Kapuzinerkresse

Zubereitung:
Den Zwieback in der Milch einweichen, bis er ganz mit der Milch vollgesogen ist. Dann gut vermischen.

Den Apfel schälen, entkernen und in kleine Würfel schneiden. Dann mit der Kresse mischen und zum Zwieback geben. Den Apfelsaft dazugeben und mit dem Stabmixer pürieren.

In eine Schale geben und sofort füttern.

Rhabarber-Brei

Zutaten für 1 Portion:
- ½ Stange Rhabarber
- 1 Handvoll Beeren nach Wahl (50g)
- 4 EL Haferflocken (50g)
- 50ml Milch (3,5 % Fett)

Zubereitung:
Den Rhabarber schälen, in kleine Würfel schneiden und dann in heißem Wasser 8 Minuten blanchieren. Danach abgießen.

Die Beeren mit 3 EL kochendem Wasser übergießen und mit einer Gabel zerquetschen.

In einem Topf mischen Sie die Haferflocken mit der Milch und lassen das Ganze auf kleiner Flamme langsam erwärmen. Dann von der Kochstelle nehmen und 5 Minuten quellen lassen.

Geben Sie alle Zutaten in eine Schale und pürieren das Ganze kurz mit dem Stabmixer. Abkühlen lassen und Ihrem Baby füttern.

Mittagessen

Mit Fleisch

Rosenkohlbrei mit Rindfleisch
Zutaten für 5 Portionen:
- 250g frischer Rosenkohl, wahlweise auch 200g Tiefkühlware
- 100ml Wasser
- 1 kleines Stück Rinderfilet (80g)
- 200g Maronen, vakuumverpackt und vorgekocht
- 5 EL Rapsöl
- 100g Weintrauben, kernlos

Zubereitung:
Das Wasser in einem Topf zum Kochen bringen.

Den Rosenkohl zuerst waschen und dann in Viertel schneiden. Das Fleisch wird gewaschen, trocken getupft und gewürfelt. Dann kommt es zusammen mit dem Rosenkohl in das kochende Wasser. Mit Deckel 15 Minuten köcheln lassen.

In der Zwischenzeit werden die Weintrauben gewaschen und halbiert. Die Maronen nehmen Sie aus der Verpackung, dann grob hacken.
Ist die Garzeit zu Ende, geben Sie die Maronen und die Weintrauben ebenfalls in den Topf. Rühren und aufkochen. Dann von der Kochstelle nehmen, das Öl unterrühren und mit dem Stabmixer fein pürieren.

Den Brei in 5 Portionen teilen. Die erste Portion kann sofort gefüttert werden, der Rest lässt sich einfach einfrieren.

Hähnchenleber mit Kartoffelbrei
Zutaten für 4 Portionen:
- 4 Kartoffeln (360g)
- 1 großer Apfel (250g)
- 1 Stück Hähnchenleber (100g)
- 3 EL Rapsöl

Zubereitung:
Waschen Sie die Kartoffeln und kochen Sie diese zusammen mit der Schale etwa 25 Minuten weich.

In der Zwischenzeit können Sie die Leber waschen, trocknen und in kleine Würfel schneiden. Den Apfel von Schale und Kernen befreien und ebenfalls in Würfel schneiden.

Apfel und Leber geben Sie nun zusammen mit 2 El Wasser in einen Topf und lassen das Ganze abgedeckt für 10 Minuten bei kleiner Flamme garen. Im Anschluss vom Herd nehmen und sehr fein pürieren.

Nun gießen Sie die Kartoffeln in ein Sieb, brausen diese kalt ab und entfernen die Pelle. Dann pressen Sie die Kartoffeln durch eine Kartoffelpresse zu dem Apfel-Leber-Püree dazu. Gut vermengen. Zum Schluss noch das Öl sowie ein bisschen Wasser einrühren.

Eine Portion kann sofort an Ihr Baby verfüttert werden. Den Rest portionsweise einfrieren.

Kleiner Tipp: Vor dem Füttern die eingefrorene Portion in der Mikrowelle oder im Wasserbad erwärmen.

Spinat mit Pute
Zutaten für 1 Portion:
- 1 Kartoffel (50g)
- 1 Handvoll Blattspinat (100g)
- 1 kleines Stück Putenbrust
- 150ml Wasser
- ½ Orange
- 1 EL Rapsöl

Zubereitung:
Schälen Sie die Kartoffeln und schneiden Sie diese in kleine Würfel. Das Fleisch waschen, trocknen und ebenfalls würfeln.

In einem Topf das Wasser zum Kochen bringen. Dann Kartoffeln und das Fleisch hineingeben und mit geschlossenem Deckel bei mittlerer Flamme 10 Minuten garen.

In der Zwischenzeit können Sie den Spinat putzen und waschen, danach die Stiele abzupfen und die Blätter grob zerhacken. Dann in den Topf hineingeben und nochmals geschlossen 7 Minuten garen.

Pressen Sie die Orange aus und füllen Sie 1 EL Saft ab. Nach der Garzeit den Topf vom Herd nehmen und den Orangensaft sowie das Öl in den Topf geben. Fein pürieren und gleich füttern.

Kürbis-Lamm-Brei

Zutaten für 4 Portionen:
- ½ Hokkaidokürbis (400g)
- 2 Kartoffeln (200g)
- 1 kleines Stück Lammfleisch (80g)
- 250ml Wasser
- 4 EL Rapsöl
- 4 EL Birnensaft

Zubereitung:
Die Kerne vom Kürbis entfernen und klein würfeln. Die Kartoffeln schälen und ebenfalls in Würfel schneiden.

Das Lammfleisch kurz abwaschen, trocknen und würfeln. Kochen Sie in einem Topf 250ml Wasser auf und geben Sie das Gemüse sowie das Fleisch hinein. Das Ganze mit Deckel 15 Minuten bei mittlerer Flamme garen.

Nach der Garzeit nehmen Sie den Topf von der Kochstelle und geben den Birnensaft dazu. Alles mit dem Stabmixer fein pürieren. Zum Schluss das Öl unterrühren.

Eine Portion kann sofort gefüttert werden, den Rest frieren Sie einfach ein.

Hühnchen mit Kartoffel und Spargel

Zutaten für 2 Portionen:
- 2 Kartoffeln (200g)
- 2 Stangen Spargel (100g)
- 1 Handvoll Erbsen (50g)
- 1 EL Rapsöl
- 1 kleines Stück Hühnerbrust (30g)

Zubereitung:
Kartoffeln und Spargel schälen, dann in kleine Stückchen schneiden. Die Hühnerbrust klein würfeln.

Gemüse und Fleisch zusammen in einen Topf geben, komplett mit Wasser (ca. 200ml Wasser) bedecken und zum Kochen bringen. Bei geschlossenem Deckel und mittlerer Flamme 15 Minuten garen.

Nach der Garzeit vom Herd nehmen, mit dem Stabmixer pürieren und das Öl untermischen.

Die erste Portion füttern, die zweite Portion für den nächsten Tag in den Kühlschrank stellen.

Rinderhack-Kohlrabi-Brei

Zutaten für 1 Portion:
- 20g Hackfleisch vom Rind
- ½ Kohlrabi (100g)
- 1 Kartoffel (50g)
- 150ml Wasser
- 1 EL Rapsöl
- ½ Orange

Zubereitung:
Kohlrabi und Kartoffel schälen und in kleine Würfel schneiden. Das Kohlrabigrün kurz unter fließend Wasser waschen, trocknen und fein hacken.
Erhitzen Sie das Wasser in einem Topf und geben Sie das Fleisch und das Gemüse sowie das Kohlrabigrün hinein. Bei geschlossenem Deckel 15 Minuten auf mittlerer Flamme dünsten.

In der Zwischenzeit können Sie die Orange auspressen und 1 EL Orangensaft abmessen.

Nach der Garzeit nehmen Sie den Topf von der Kochstelle und geben den Orangensaft dazu. Mit dem Stabmixer fein pürieren. Zum Schluss das Öl untermischen.

In eine Schale geben und gleich Ihrem Kind füttern. Temperatur vorher prüfen!

Ohne Fleisch

Paprika-Reisbrei
Zutaten für 4 Portionen:
- 2 rote Paprika (400g)
- 2 EL geschälter Sesam (20g)
- 100g Vollkorn-Parboiled-Reis
- 200ml Wasser
- 3 EL Rapsöl
- ½ Orange

Zubereitung:
Entfernen Sie die Kerne von den Paprika und schneiden Sie diese in kleine Würfel.

Kochen Sie das Wasser in einem Topf auf. Dann geben Sie Reis, Paprika und den Sesam hinein. Mit Deckel das Ganze für 20 Minuten bei kleiner Flamme garen.

Pressen Sie in der Zwischenzeit den Saft aus der Orange.

Nach der Garzeit nehmen Sie den Topf von der Kochstelle und fügen Öl sowie Orangensaft dazu. Mit dem Stabmixer gut pürieren.

Den Brei portionieren. Die erste Portion frisch füttern, den Rest für später einfrieren.

Zwieback-Auberginen-Brei

Zutaten für 1 Portion:

- ½ Aubergine (150g)
- 1 Tomate (80g)
- 1 EL Rapsöl
- 2 Stück Zwieback
- 3 EL Apfelsaft

Zubereitung:
Legen Sie ein Backblech dünn mit Alufolie aus und bestreichen es mit etwas Öl.

Dann schneiden Sie Aubergine in Scheiben und verteilen diese auf dem Backblech. In den Ofen schieben und mit der Grillfunktion 5 Minuten garen. Die Auberginen sollten leicht angebräunt sein. Nach der Hälfte der Garzeit einmal wenden.

In der Zwischenzeit können Sie die Tomaten vierteln und in kleine Würfel schneiden. Den Zwieback in einem Gefrierbeutel geben, schließen und mit dem Nudelholz zerbröseln.
Wenn die Auberginen gar sind, geben Sie diese zusammen mit den Tomaten, dem Öl, dem Zwieback und dem Apfelsaft in ein hohes Gefäß. Das Ganze mit dem Stabmixer fein pürieren.

In eine Schale umfüllen und servieren.

Rote-Beete-Kartoffelbrei
Zutaten für 4 Portionen:
- 2 große Kartoffeln (250g)
- 1 kleine Orange (125g)
- 4 EL Sonnenblumenkerne (80g)
- 2 Knollen Rote Beete (300g)
- 100ml Wasser

Zubereitung:
Schälen Sie die Kartoffeln und schneiden Sie diese in kleine Würfel. Dann die Rote Beete gut abwaschen, schälen und ebenso in Würfel schneiden. Damit sich Ihre Finger nicht rot verfärben, am besten Gummihandschuhe dafür überziehen.

Kartoffeln und Rote Beete zusammen mit dem Wasser in einen Topf geben, aufkochen und bei geschlossenem Deckel 10 Minuten garen, bis das Gemüse weich ist.

In der Zwischenzeit halbieren Sie die Orange und pressen den Saft aus. Die Sonnenblumenkerne werden ganz fein gehackt.

Nach der Garzeit geben Sie den Saft sowie die gehackten Sonnenblumenkerne zum Gemüse dazu. Kurz mit garen, dann von der Kochstelle nehmen und das Ganze fein pürieren. Sollte der Brei etwas zu dick sein, einfach einen Schuss Wasser hinzugeben und noch einmal kurz aufkochen.

Teilen Sie den fertigen Brei in 4 Portionen. Die erste kann sofort gefüttert werden, die anderen Portionen können Sie ohne Probleme einfrieren.

Haferbrei mit Blumenkohl

Zutaten für 1 Portion:
- 1 kleine Kartoffel (50g)
- 1 EL Haferflocken (10g)
- 100g Blumenkohl
- 150ml Wasser
- 1 EL Apfelsaft
- 1 EL Rapsöl

Zubereitung:
Schälen Sie die Kartoffel und schneiden Sie diese in kleine Würfel. Dann den Blumenkohl putzen und in Röschen teilen.

Erhitzen Sie nun das Wasser in einem Topf und kochen Sie den Blumenkohl und die Kartoffeln ungefähr für 15 Minuten darin weich.

Nach der Garzeit geben Sie die Haferflocken dazu. Stetig rühren und noch einmal für 3 Minuten kochen.

Anschließend nehmen Sie den Topf von der Kochstelle, geben Öl und Apfelsaft hinein und pürieren das Ganze mit dem Stabmixer fein.

<u>Vor dem Füttern unbedingt die Temperatur prüfen!</u>

Nachmittag / Abendessen

Orangen-Polenta-Brei
Zutaten für 1 Portion:
- 1 gehäufter EL Polenta (15g)
- ½ kleine Banane (50g)
- ½ Orange
- 200ml Milch (3,5 % Fett)

Zubereitung:
Erwärmen Sie die Milch in einem Topf und rühren Sie die Polenta mit dem Schneebesen gründlich ein. Kurz aufkochen lassen und bei kleiner Flamme 5 Minuten köcheln. Dabei ständig rühren.

Schneiden Sie die Banane in kleine Stücke und zerdrücken Sie diese mittels einer Gabel zu Bananenmus. Dann pressen Sie den Saft der Orange aus.

Nach der Garzeit nehmen Sie die Polenta vom Herd und rühren das Bananenmus sowie 3 EL Orangensaft hinein. Dann füllen Sie den fertigen Brei in eine Schale und lassen ihn vor dem Füttern etwas auskühlen.

Apfel-Weizen-Abendmilchbrei

Zutaten für 1 Portion:
- 1 EL Weizenmehl Typ 1050 (20g)
- 200ml Milch (3,5 % Fett)
- 2 EL Apfelsaft

Zubereitung:
Geben Sie 100ml Milch zusammen mit dem Mehl in ein verschließbares Glas oder einen Schüttelbecher. Das Ganze kräftig schütteln, sodass das Mehl sich gut mit der Milch mischt und nicht verklumpt.

Dann die restliche Milch in einen Topf geben und das Mehl-Milch-Gemisch mit dem Schneebesen einrühren. Zum Kochen bringen, dabei ständig rühren.

Auf kleiner Flamme 5 Minuten köcheln lassen. Unbedingt stetig rühren, damit der Brei nicht klumpt. Danach vom Herd nehmen, den Apfelsaft einrühren und in eine Trinkflasche füllen. Zum Füttern den Breisauger verwenden.

<u>Vor dem Füttern die Temperatur prüfen!</u>

Getreidebrei mit Trauben
Zutaten für 1 Portion:
- 2 EL Hirseflocken (20g)
- 1 TL Rapsöl
- 15 helle Weintrauben, kernlos (100g)
- 125ml Wasser

Zubereitung:
Geben Sie das Wasser in einen Topf und rühren Sie die Hirseflocken hinein. Langsam bei kleiner Flamme aufkochen lassen. 3 Minuten lang köcheln, dabei ständig rühren. Danach den Topf von der Kochstelle nehmen.

Waschen Sie die Trauben warm ab und lassen Sie diese gut abtropfen. Dann in der Mitte durchschneiden.

Geben Sie das Öl sowie die Trauben in den Hirsebrei und pürieren Sie das Ganze mit dem Stabmixer. In eine Schale geben und noch lauwarm füttern.

Haferbrei mit Birne

Zutaten für 1 Portion:
- 200ml Milch (3,5 % Fett)
- 2 EL Haferflocken (20g)
- 1 kleine Birne (125g)

Zubereitung:
Befreien Sie die Birne von der Schale und den Kernen, dann mit einer Küchenreibe raspeln.

Nehmen Sie einen Topf und bringen Sie die Milch darin zum Kochen. Geben Sie die Haferflocken dazu. Das Ganze 2 Minuten kochen lassen, dabei ständig umrühren.

Danach fügen Sie die Birne hinzu, kurz umrühren und dann von der Kochstelle nehmen. 5 Minuten quellen lassen.

Zum Schluss mit dem Stabmixer fein pürieren und in eine Schale umfüllen.

<u>Vor dem Füttern die Temperatur überprüfen!</u>

Mehrkorn-Abendbrei zum Trinken
Zutaten für 1 Portion:
- 2 EL Möhrensaft
- 200ml Milch (3,5 % Fett)
- 2 EL Mehrkornflocken (20g)

Zubereitung:
Nehmen Sie einen kleinen Topf und kochen Sie die Mehrkornflocken zusammen mit der Milch auf. Dabei ständig rühren. Die Hitze reduzieren und 2 Minuten quellen lassen.

Danach den Topf von der Kochstelle nehmen und die restliche Milch sowie den Möhrensaft hineinrühren.

In eine Trinkflasche abfüllen und mit dem Breisauger füttern. Vorher jedoch noch die Temperatur prüfen!

Avocado-Reisflocken-Brei

Zutaten für 1 Portion:
- 1 kleine Avocado (60g)
- 2 gehäufte EL Reisflocken (25g)
- 150ml Wasser
- 1 EL Apfelsaft

Zubereitung:
Verrühren Sie Wasser und Reisflocken in einem Topf und lassen Sie das Ganze aufkochen. Dabei ständig rühren. Etwa 2 Minuten kochen lassen, dann von der Kochstelle nehmen.

Entsteinen Sie die Avocado und heben Sie mit einem Löffel das Fruchtfleisch aus der Schale. Dann das Fruchtfleisch klein würfeln.

Den Apfelsaft und die Avocado zum Reisbrei in den Topf geben, mit dem Stabmixer fein pürieren. Sollte der Brei etwas zu dickflüssig sein, einfach ein bisschen Wasser unterrühren.

In eine Schale geben und sofort füttern.

Zwieback-Brei mit Birnen

Zutaten für 1 Portion:
- 1 reife Birne (200g)
- 2 Stück Vollkorn-Zwieback (20g)
- 1 TL Rapsöl
- 4 EL Apfelsaft

Zubereitung:
Entfernen Sie die Kerne und schneiden die Birne in kleine Würfel.
Geben Sie nun den Apfelsaft mit den Birnenwürfeln in einen Topf. Das Ganze bei mittlerer Flamme aufkochen und 5 Minuten garen. Danach von der Kochstelle nehmen und auskühlen.

Den Zwieback in einen Gefrierbeutel geben, verschließen und mit dem Nudelholz zerkleinern. Dann die Zwieback-Brösel mit dem Öl zu den Birnen in den Topf geben und mit einer Gabel zu einem groben Brei zerdrücken. Wenn der Brei noch etwas zu dick ist, einfach ein bisschen mehr Apfelsaft untermischen.

Sofort füttern.

Bulgurbrei mit Bananen und Mandeln

Zutaten für 2 Portionen:
- 4 EL Bulgur (40g)
- 100ml Wasser
- 6 Mandelkerne mit Schale (10g)
- ½ Mango (100g)
- 1 kleine Banane (100g)
- 2 TL Rapsöl

Zubereitung:
Geben Sie die Mandeln in einen Blitzhacker. Sehr fein zerkleinern.
Den Bulgur zusammen mit dem Wasser in einem Topf aufkochen. Die Hitze stark reduzieren und 15 Minuten mit geschlossenem Deckel ziehen lassen.

In der Zwischenzeit die Banane in kleine Stücke schneiden und mit der Gabel zu Mus zerdrücken. Dann zum Bulgur in den Topf rühren.
Die Haut der Mango abschälen und das Fruchtfleisch sehr fein würfeln. Öl und Mangowürfel in den Brei mischen und in zwei Portionen aufteilen.

Die erste Portion kann sofort gefüttert werden. Die zweite Portion abdecken und für den Folgetag in den Kühlschrank stellen.

Vom 8. Bis zum 10. Lebensmonat / Frühstück, Mittag- und Abendessen

In diesem Lebensabschnitt gibt es für Ihr Baby noch mehr Abwechslung zu entdecken.

Frühstück

Babys erstes Birchermüsli
Zutaten für 1 Portion:
- 1 getrocknete Feige, ungeschwefelt (20g)
- ½ Apfel (50g)
- 3 EL Haferflocken, zart (30g)
- ½ Banane (50g)
- 100ml Milch (3,5 % Fett)
- 50ml Wasser
- 1 TL Rapsöl

Zubereitung:
Den Apfel entkernen und mit der Küchenreibe fein raspeln. Die Banane mit einer Gabel zu Mus zerdrücken. Die Feige fein würfeln.

Apfel und Feige in einem Topf mit etwas Butter andünsten. Haferflocken einrühren und ebenfalls mitdünsten. Dann Wasser und Milch in den Topf dazugeben und unter Rühren aufkochen lassen. Die Hitze reduzieren und bei kleiner Flamme 5 Minuten köcheln. Dann von der Kochstelle nehmen.

Die Banane dazugeben und vermengen. Alles in eine Schale geben und Ihrem Baby füttern.

Beeren-Getreide-Kokos-Flocken

Zutaten für 1 Portion:
- 1 Erdbeere (10g)
- 3 Himbeeren (10g)
- 3 Brombeeren (10g)
- 1 EL Kokosflocken (10g)
- 3 EL Schmelzflocken (30g)
- 100ml Milch (3,5 % Fett)
- 1 EL Rapsöl

Zubereitung:
Beeren waschen, klein schneiden und zusammen in eine Schüssel geben.
Die Milch in einem Topf zum Kochen bringen und die Schmelzflocken einrühren. Sofort von der Kochstelle nehmen und 5 Minuten ziehen lassen.

Danach die Beeren daruntermischen und leicht pürieren. Zum Schluss das Öl und die Kokosflocken dazugeben. Gut verrühren und sofort füttern.

Zwieback-Brei mit Melone

Zutaten für 1 Portion:
- 2 Scheiben Zwieback (20g)
- 1 Stück Melone (100g)
- 1 TL Rapsöl

Zubereitung:
Zuerst den Zwieback zerbröseln und das Fruchtfleisch aus der Melone löffeln.

Beides in eine Schüssel geben und miteinander verrühren, wenn nötig kurz pürieren. Zum Schluss das Öl untermischen und sofort füttern.

Mittagessen

Mit Fleisch

Brei mit Lachs und Chinakohl
Zutaten für 1 Portion:
- 1 kleine Kartoffel (50g)
- ¼ Stück Chinakohl (150g)
- 1 kleines Stück Lachsfilet (40g)
- 1 EL Rapsöl
- 1 Schuss Apfelsaft
- 90ml Wasser

Zubereitung:
Zuerst waschen Sie den Chinakohl gründlich und schneiden ihn in Streifen. Dann schälen Sie die Kartoffel und würfeln diese in etwa 1 cm große Stücke.

Nehmen Sie einen kleinen Topf zur Hand, füllen Sie das Wasser hinein und lassen es aufkochen. Dann kommen Chinakohl und Kartoffeln dazu. Bei mittlerer Flamme abgedeckt für 10 Minuten düsten.

In der Zwischenzeit untersuchen Sie das Lachsfilet auf eventuell vorhandene Gräten. Sollten Sie welche finden, entfernen Sie diese mit einer Pinzette. Dann den Lachs unter fließend Wasser abspülen, trockentupfen und klein würfeln.

Geben Sie nach der Garzeit den Apfelsaft zum Gemüse und heben Sie den Lachs darunter. Noch einmal den Deckel drauf und für 5 weitere Minuten dünsten.

Abschließend nehmen Sie den Topf vom Herd, geben das Öl dazu und pürieren das Ganze mit dem Stabmixer. In eine Schüssel geben, etwas abkühlen lassen und Ihrem Baby servieren.

Nudeln mit Steckrübenbrei und Schweinefleisch
Zutaten für 4 Portionen:
- 1 kleine Orange (125g)
- ½ Steckrübe (400g)
- 100ml Wasser
- 1 kleines Stück Schweineschnitzel (80g)
- 2 ½ EL Rapsöl
- 120g Vollkornnudeln

Zubereitung:
Zuerst waschen Sie das Schnitzel, trocknen es und schneiden es in kleine Würfel. Die Steckrüben werden geschält und ebenfalls klein gewürfelt. Dann geben Sie das Gemüse zusammen mit dem Wasser in einen Topf und köcheln das Ganze abgedeckt bei kleiner Flamme für etwa 5 Minuten.
In der Zwischenzeit kochen Sie die Nudeln nach Packungsanleitung, bis sie gar sind. Dann in ein Sieb abgießen und abtropfen lassen.

Nach der Garzeit der Steckrüben geben Sie das Fleisch in den Topf dazu. Wieder abdecken und 15 Minuten weiter garen. Wenn nötig, gießen Sie noch ein bisschen Wasser hinzu.

In der Zwischenzeit teilen Sie die Orange in der Mitte und pressen den Saft aus.

Sobald das Fleisch und das Gemüse gar sind, geben Sie den Orangensaft, das Öl sowie die Nudeln in den Topf dazu. Gut vermengen und mit dem Stabmixer pürieren.

Die erste Portion frisch füttern und den Rest einfrieren.

Möhren-Lachs-Brei

Zutaten für 1 Portion:
- 1 Möhre (100g)
- 1 Stück Lachsfilet (40g)
- 1 Kartoffel (50g)
- 100ml Wasser
- ½ Orange
- 1 EL Rapsöl

Zubereitung:
Schälen Sie Kartoffel und Möhre, dann in kleine Würfel schneiden.
Kochen Sie das Wasser in einem Topf auf und geben Sie das Gemüse hinein. Mit Deckel bei kleiner Flamme 10 Minuten garen.

In der Zwischenzeit überprüfen Sie, ob sich im Lachs Gräten versteckt haben. Diese mit einer Pinzette entfernen. Dann den Lachs in kleine Würfel schneiden.

Nach den 10 Minuten Garzeit geben Sie den Lachs zum Gemüse dazu. Noch einmal abdecken und weitere 5 Minuten garen. Währenddessen pressen Sie den Saft aus der Orange.

Sind die Zutaten gar, nehmen Sie den Topf von der Kochstelle und geben 3 EL Orangensaft dazu. Alles mit dem Stabmixer pürieren und das Öl daruntermischen. Sollte der Brei etwas zu dick sein, können Sie noch etwas Orangensaft untermischen.

In eine Schale geben und sofort füttern.

Erbsen-Kohlrabibrei mit Lachs

Zutaten für 4 Portionen:
- 750g Erbsen
- 2 Kohlrabi (200g)
- 2 Lachsfilet (250g)
- 400ml Wasser
- 2 Süßkartoffeln (200g)
- 4 EL Rapsöl

Zubereitung:
Kohlrabi und Süßkartoffeln schälen und in kleine Würfel schneiden. Zusammen mit den Erbsen in einen Topf mit dem Wasser geben und zum Kochen bringen. Hitze reduzieren und bei mittlerer Flamme köcheln.
Nach 5 Minuten geben Sie den Lachs mit in den Topf, noch einmal 10 Minuten mit Deckel garen, bis alles weich ist.

Von der Kochstelle nehmen und pürieren. Portionsweise einfrieren und die erste Portion sofort füttern.

Rinderhack mit Pastinaken und Champignons

Zutaten für 1 Portion:
- 50g Rinderhackfleisch
- 1 Pastinake (80g)
- 3 Champignons (30g)
- 200ml Wasser
- 1 EL Apfelsaft
- 1 EL Rapsöl

Zubereitung:
Pastinaken schälen und klein würfeln. Die Champignons putzen und in feine Scheiben schneiden.

Das Wasser in einem Topf erhitzen und Gemüse sowie das Rindfleisch hineingeben. Zum Kochen bringen, dann die Hitze reduzieren und 20 Minuten auf kleiner Flamme mit Deckel garen.

Nach der Garzeit von der Kochstelle nehmen, den Apfelsaft hinzugeben und mit dem Stabmixer pürieren. In eine Schale füllen und das Öl untermischen.

Temperatur vor dem Füttern prüfen!

Kürbis mit Lachs

Zutaten für 2 Portionen:

- 2 Kartoffeln (200g)
- 1 Apfel (50g)
- 1 Stück Lachsfilet (100g)
- ½ Butternusskürbis
- 200ml Wasser
- 2 EL Rapsöl

Zubereitung:

Das Obst und das Gemüse schälen, von den Kernen befreien und in kleine Würfel schneiden. Dann mit dem Wasser in einen Topf geben, aufkochen und bei kleiner Flamme 20 Minuten geschlossen garen.

Die letzten 10 Minuten den Lachs hinzugeben und fertig garen.

Nach der Garzeit von der Kochstelle nehmen, pürieren und in zwei Portionen teilen. Die erste Portion sofort füttern, den Rest im Kühlschrank für den nächsten Tag aufbewahren.

Ohne Fleisch

Gemüse-Risotto
Zutaten für 4 Portionen:
- 400g Vollkorn-Reis
- 2 Zucchini (400g)
- 4 Möhren (400g)
- 2 Handvoll Erbsen (200g)
- 120g passierte Tomaten
- 4 EL Rapsöl
- Etwas Dill

Zubereitung:
Zuerst die Möhren und die Zucchini schälen und klein würfeln. Beides in einem Topf mit Wasser 5 Minuten kochen, dann die Erbsen dazugeben und noch einmal 10 Minuten garen. Ist das Gemüse weich, abschütten und das Kochwasser auffangen.

In der Zwischenzeit den Reis nach Packungsanleitung kochen und in ein Sieb abschütten, wenn nötig.

Das Gemüse mit dem Stabmixer grob pürieren. Den Reis mit dem aufgefangenen Kochwasser vermischen, bis ein feines Risotto entsteht. Dann das Gemüse, die passierten Tomaten sowie das Öl untermischen. Portionieren und die erste Portion sofort füttern. Den Rest einfrieren.

Nudeln mit Zucchini und Tomate
Zutaten für 2 Portionen:
- 1 Zucchini (100g)
- 100g Vollkorn-Nudeln
- 1 Tomate (50g)
- ½ Lauchzwiebel (20g)
- 50g passierte Tomaten
- 2 EL Rapsöl

Zubereitung:
Die Nudeln nach Anleitung kochen, abgießen und auskühlen lassen.
Die Tomate in Viertel schneiden, die Zucchini schälen und klein würfeln. Lauchzwiebel sehr fein hacken.

Geben Sie nun Zucchini, Lauch und Tomate in eine heiße Pfanne mit etwas Öl. Für 7 Minuten zusammen dünsten, dann mit den passierten Tomaten ablöschen. Noch einmal heiß werden lassen.

Dann von der Kochstelle nehmen, die Nudeln dazu geben und kurz pürieren.

Nachmittag / Abendessen

Haferflocken mit Apfelmus
Zutaten für 1 Portion:
- 2 EL zarte Haferflocken (20g)
- 1 kleiner Apfel (100g)
- 1 TL Rapsöl
- 3 EL Wasser
- 2 EL Apfelsaft

Zubereitung:
Entfernen Sie Kerne und Schale vom Apfel und schneiden ihn in kleine Würfel.

Geben Sie das Wasser zusammen mit den Apfelwürfeln in einen Topf und lassen Sie das Ganze abgedeckt etwa 5 Minuten kochen.

In der Zwischenzeit verrühren Sie die Haferflocken zusammen mit dem Apfelsaft. Das Ganze kurz einweichen lassen.

Ist der Apfel gar, zerdrücken Sie ihn mit einer Gabel zu feinem Mus und rühren das Öl sowie die Haferflocken darunter.

Dann füllen Sie den Brei in eine Schüssel. Geben Sie so lange kochendes Wasser dazu, bis der Brei die gewünschte Konsistenz hat. Vor dem Füttern ein bisschen abkühlen.

Kakao-Bananen-Brei mit Reisflocken

Zutaten für 1 Portion:

- ½ große Banane (100g)
- ½ TL entöltes Kakaopulver (2g)
- 1 TL Rapsöl
- 3 EL Reisflocken (20g)
- 100ml Wasser

Zubereitung:
Vermischen Sie die Reisflocken mit dem Wasser und kochen Sie beides zusammen in einem Topf kurz auf, dabei ständig rühren. 2 Minuten köcheln, dann nehmen Sie den Topf von der Kochstelle.

Zerdrücken Sie die Banane mit einer Gabel zu feinem Mus und geben sie in den Brei hinzu. Dann mischen Sie Öl und Kakaopulver hinein. Alles sehr gut miteinander vermischen.

Den Brei in eine Schale füllen und lauwarm abkühlen lassen. Dann können Sie Ihr Baby damit füttern.

Haferflocken-Keks-Brei mit Melone
Zutaten für 1 Portion:
- 2 EL Haferflocken (15g)
- 2 Vollkorn-Butterkekse (25g)
- 100g Wassermelone, das Fruchtfleisch
- 100ml Wasser
- 1 TL Rapsöl

Zubereitung:
Bringen Sie das Wasser in einem Topf zum Kochen. Währenddessen können Sie in einem Gefrierbeutel die Kekse bröselig schlagen. Nutzen Sie dazu beispielsweise ein Nudelholz.

Rühren Sie nun die Haferflocken mit den Keksen in das kochende Wasser ein, dann nehmen Sie den Topf von der Kochstelle.

Befreien Sie die Melonen von den Kernen und zerdrücken Sie diese mit einer Gabel zu Melonenmus. Dann geben Sie das Öl sowie das Melonenmus zum Brei dazu. Gut umrühren und ein bisschen abkühlen lassen.

Zum Schluss in eine Schale füllen und Ihr Baby damit füttern.

Grießbrei mit Pflaumenkompott
Zutaten für 1 Portion:
- 200ml Milch (3,5 % Fett)
- 1 frische Pflaume (50g)
- 3 EL Vollkorngrieß (30g)

Zubereitung:
Halbieren Sie die Pflaume, entfernen Sie den Kern und schneiden Sie sie in kleine Würfel.

Zusammen mit 3 El Wasser geben Sie die Pflaumen in einen Topf. Aufkochen und 5 Minuten lang unter Rühren zu Kompott verarbeiten. Dann den Topf von der Kochstelle nehmen.

In einem anderen Topf erhitzen Sie die Milch und rühren den Grieß hinein. Das Ganze aufkochen und bei kleiner Flamme 4 Minuten quellen lassen. Danach von der Kochstelle nehmen.

Den Grießbrei in eine Schale füllen und das Pflaumenkompott darauf anrichten. Etwas abkühlen lassen und servieren.

Schmelzflocken-Erdbeerbrei

Zutaten für 1 Portion:
- 2 EL Schmelzflocken (20g)
- 1 TL Rapsöl
- 100ml Wasser
- 5 reife Erdbeeren (50g)
- ½ Banane (50g)

Zubereitung:

Das Wasser in einem Topf erhitzen und die Schmelzflocken einrühren. Bei kleiner Flamme mit Deckel 3 Minuten quellen lassen.

In der Zwischenzeit können Sie das Obst in kleine Stücke schneiden und zusammen mit einer Gabel zu einem groben Mus zerdrücken.

Den Topf nach der Garzeit von der Kochstelle nehmen und das Öl sowie das Obstmus hineingeben. Gut vermengen, kurz auskühlen lassen und gleich füttern.

Hirsebrei mit Bananen und Beeren
Zutaten für 1 Portion:
- 2 EL Hirseflocken (20g)
- 3 EL gemischte Beeren (50g)
- ½ Banane (50g)
- 125ml Wasser
- 1 TL Rapsöl

Zubereitung:
Die Hirse zusammen mit dem Wasser bei kleiner Flamme in einem Topf zum Kochen bringen. Ständig rühren und 3 Minuten kochen. Danach den Topf sofort von der Kochstelle nehmen.

Schälen Sie die Banane und schneiden Sie diese in feine Stücke.

Die Beeren halbieren, wenn nötig. Dann mit der Banane zu grobem Mus verarbeiten. Dazu nutzen Sie am besten eine Gabel.

Das Obst zum Brei in den Topf geben und mit dem Öl gut vermengen. In eine Schale füllen und Ihrem Baby füttern.

Haferflockenbrei mit Apfel und Mandel
Zutaten für 4 Portionen:
- 2 Äpfel (400g)
- 8 EL Haferflocken (80g)
- 500ml Wasser
- 10 ganze Mandeln mit Schale (15g)
- 4 TL Rapsöl

Zubereitung:
Die Äpfel entkernen und in kleine Würfel schneiden. Die Mandeln grob hacken. Beides zusammen in den Blitzhacker geben und ganz fein zerkleinern.

Haferflocken und Wasser in einem Topf erhitzen. Unter ständigem Rühren 2 Minuten kochen lassen. Dann von der Kochstelle nehmen.

Apfel und Mandel unter den Brei rühren, dann etwas abkühlen lassen.

Zum Schluss das Öl untermischen. Die erste Portion können Sie sofort füttern. Der Rest hält sich etwa 1 Tag im Kühlschrank, lässt sich aber auch portionsweise einfrieren.

Vollkornbrei mit Pflaume
Zutaten für 1 Portion:
- 1 große Pflaume (100g)
- 2 EL Weizenvollkornflocken (20g)
- 1 TL Rapsöl
- 125ml Wasser

Zubereitung:
Die Pflaume vom Stein befreien und in kleine Stücke schneiden.
Das Wasser in einem Topf zum Kochen bringen und die Weizenvollkornflocken einrühren. Die Hitze verringern und auf kleiner Flamme 5 Minuten köcheln.

Die Pflaumen dazugeben und noch einmal 3 Minuten köcheln lassen, dabei ständig rühren.

Das Öl untermischen und mit dem Stabmixer pürieren. In eine Schale geben, auskühlen lassen und warm füttern.

Vom 10. Bis zum 12. Lebensmonat / Frühstück, Mittag- und Abendessen

Hier darf es schon etwas grobkörniger sein.

Frühstück

Haferbrei mit Joghurt und Banane
Zutaten für 1 Portion:
- ½ Orange
- ½ Banane (50g)
- 3 EL Joghurt (3,5 % Fett)
- 2 EL zarte Haferflocken (20g)
- 100ml Milch (1,5 % Fett)

Zubereitung:
Geben Sie die Haferflocken zusammen mit der Milch in einen Topf. Etwa 2 Minuten bei kleiner Flamme köcheln. Es sollte ein sämiger Brei entstehen. Dann von der Kochstelle nehmen.

Schälen Sie die Banane und zerdrücken Sie diese am besten mit einer Gabel zu Mus. Dann pressen Sie den Saft der Orange aus und geben 2 EL davon in das Bananenmus. Gut vermengen.

Zum Schluss geben Sie den Joghurt sowie das Bananenmus in den Brei. Gut verrühren und Ihrem Baby füttern. Temperatur prüfen!

Zwieback-Heidelbeer-Brei
Zutaten für 1 Portion:
- 2 Stück Vollkorn-Zwieback (20g)
- 180ml Milch (3,5 % Fett)
- 1 Handvoll Heidelbeeren (80g)

Zubereitung:
Erhitzen Sie die Milch in einem Topf.
Währenddessen geben Sie den Zwieback in einen Gefrierbeutel, verschließen und mit dem Nudelholz zerkleinern. Diese Brösel geben Sie nun in die warme Milch.

Waschen Sie die Heidelbeeren und geben Sie diese ebenfalls in den Topf. Kurz alles zusammen garen, dann den Topf von der Feuerstelle nehmen.
Den Brei in eine Schale geben, grob pürieren und gleich füttern. Vorher die Temperatur prüfen!

Mittagessen

Mit Fleisch

Spaghetti Carbonara
Zutaten für 2 Portionen:
- 100g Vollkornspaghetti
- 3 EL Crème fraîche
- 1 Zucchini (200g)
- 2 Scheiben Kochschinken (30g)
- 1 EL Basilikum
- Etwas Gemüsebrühe

Zubereitung:
Zuerst die Zucchini schälen und in kleine Würfel schneiden.

Dann nehmen Sie eine Pfanne, erhitzen sie mit 2 EL Wasser und dünsten die Zucchini darin an. Den Kochschinken ebenfalls fein würfeln und zu den Zucchini in die Pfanne geben. Kurz mitdünsten, dann Crème fraîche dazugeben, verrühren und mit Basilikum bestreuen. Wenn nötig, können Sie die Sauce etwas pürieren.

Die Nudeln währenddessen nach Anleitung kochen, abschütten und sehr klein schneiden. Mit der Sauce mischen und in zwei Portionen teilen. Die zweite Portion für den nächsten Tag im Kühlschrank aufbewahren.

Thunfisch mit Kartoffeln und Gemüse

Zutaten für 1 Portion:
- 1 Kartoffel (50g)
- 2 Brokkoli-Röschen (50g)
- 1 EL Apfelsaft
- 50ml Milch (3,5 % Fett)
- 1 Stück Thunfisch, gegart (50g)

Zubereitung:
Kartoffel schälen und klein würfeln. Dann zusammen mit den Brokkoli-Röschen in einem Topf mit Wasser kochen, bis das Gemüse gar ist. Dann abschütten.

In der Zwischenzeit untersuchen Sie den Thunfisch nach Gräten und entfernen sie mit einer Pinzette. Dann klein quetschen und mit der Milch übergießen. Das Ganze bei kleiner Flamme in einem Topf kurz erwärmen.
Das Gemüse sowie den Apfelsaft dazugeben und pürieren.

Feines Gulasch

Zutaten für 2 Portionen:
- 1 Möhre (100g)
- 3 Kartoffeln (300g)
- 100g Hackfleisch
- 1 Zucchini (100g)
- ½ Zwiebel
- 200ml passierte Tomaten

Zubereitung:
Kartoffeln und Möhren schälen und klein würfeln. Zusammen in einem Topf mit Wasser kochen, bis sie gar sind.

Zucchini und Zwiebeln ebenfalls fein würfeln und in einer Pfanne mit etwas Öl leicht dünsten. Dann Hackfleisch und passierte Tomaten dazugeben und abgedeckt 7 Minuten köcheln lassen.

Das Gemüse etwas zerquetschen und unter die Sauce rühren. Portionieren und gleich füttern.

Hühnchen mit Quinoa

Zutaten für 2 Portionen:
- 1 Stück Hähnchenbrust (100g)
- 150g Quinoa
- 50ml Kokosmilch
- 1 Möhre (80g)
- 1 Paprika (80g)
- 1 EL Bio-Orangensaft

Zubereitung:
Das Fleisch waschen, trocknen und in kleine Würfel schneiden. Dann in eine heiße Pfanne mit etwas Öl geben und bei kleiner Flamme anbraten.
Die Quinoa in Wasser einweichen und nach Packungsanleitung quellen lassen.

Paprika entkernen und klein würfeln, Möhre schälen und fein raspeln. Dann zum Fleisch in die Pfanne geben und mitdünsten. Zum Schluss die Quinoa hineingeben, nochmals 5 Minuten dünsten. Mit der Kokosmilch ablöschen und den Orangensaft dazugeben. Portionieren und sofort füttern, bzw. für den nächsten Tag in den Kühlschrank geben.

Kabeljau mit buntem Gemüse

Zutaten für 4 Portionen:
- 2 Stück Kabeljaufilet (200g)
- 1 Handvoll Spinat (50g)
- 5 größere Brokkoli-Röschen (50g)
- 400ml Wasser
- ¼ Blumenkohl (50g)
- 1 Pastinake (80g)
- 1 Paprika (80g)
- 4 EL Rapsöl

Zubereitung:
Das Gemüse putzen und in kleine Würfel schneiden. Den Fisch waschen und trocknen lassen, dann ebenfalls würfeln.

Das Wasser in einen Topf geben und zum Kochen bringen. Gemüse hineingeben und 20 Minuten bei geschlossenem Deckel garkochen. Nach 10 Minuten den Fisch in den Topf dazugeben und fertig garen.

Nach der Garzeit von der Kochstelle nehmen, grob pürieren und das Öl untermischen. Portionsweise füttern.

Ohne Fleisch

Feine Nudeln in Zucchini-Kokosmilch-Sauce
Zutaten für 1 Portion:
- 1 kleine Zucchini (125g)
- 40g Mie-Nudeln
- 1 Stiel Basilikum
- ½ TL Rapsöl
- 50ml Kokosmilch, ungesüßt (9 % Fett)
- 50ml Wasser

Zubereitung:
Raspeln Sie die Zucchini mit der Küchenreibe sehr fein. Dann waschen Sie das Basilikum und zupfen die Blätter ab. Diese fein hacken.

Nehmen Sie einen Topf, geben Sie Wasser, Kokosmilch, Nudeln und Zucchini hinein. Das Ganze aufkochen lassen und bei mittlerer Flamme 3 Minuten garkochen.

Danach den Topf vom Herd nehmen und Öl sowie Basilikum dazu geben. Gut umrühren und in eine Schale füllen. Kurz abkühlen lassen, bis das Ganze die richtige Temperatur zum Füttern hat.

Brei aus Süßkartoffeln mit Erbsen

Zutaten für 6 Portionen:
- 1 Süßkartoffel (250g)
- 400g TK-Erbsen
- 5 gehäufte EL zarte Haferflocken (50g)
- 1 Orange
- 5 EL Rapsöl

Zubereitung:
Waschen Sie die Süßkartoffel kurz ab, und geben Sie sie mit etwas Wasser in einen Topf. Erhitzen und abgedeckt 40 Minuten kochen, sodass die Kartoffel butterweich ist. Sie sollten mit dem Messer ganz leicht hineinstechen können.

In einem anderen Topf bringen Sie die Erbsen mit 200ml Wasser zum Kochen. Dann geben Sie die Haferflocken dazu. Beides für 6 Minuten garen.
In der Zwischenzeit pressen Sie den Saft aus der Orange und füllen 100ml davon ab.

Ist die Süßkartoffel gar, spülen Sie diese unter kaltem Wasser kurz ab. Die Pelle entfernen und zusammen mit dem Orangensaft zu den Erbsen in den Topf geben.

Dann nehmen Sie den Kartoffelstampfer und drücken das Ganze zu einem groben Brei. Portionsweise abfüllen. Die erste Portion können Sie Ihrem Baby sofort füttern, den Rest einfach einfrieren.

Feiner Bratapfel gefüllt mit Dinkel
Zutaten für 1 Portion:
- 4 Haselnusskerne
- 1 Apfel (150g)
- 1 EL Rosinen, nicht geschwefelt
- 1 EL Dinkel, geschrotet (15g)
- 40ml Apfelsaft
- 3 EL Wasser
- 1 Prise Zimt

Zubereitung:
Mischen Sie den Dinkelschrot mit dem Apfelsaft in einer Schüssel und weichen Sie das Ganze etwa 1 Stunde gut ein.

Im Blitzhacker zerkleinern Sie die Haselnüsse sowie die Rosinen. Mit dem Zimt verfeinern und zum Dinkel dazugeben. Gut vermengen.

Waschen Sie den Apfel, reiben Sie ihn trocken und schneiden Sie den oberen Deckel ab. Dann stechen Sie das Kerngehäuse grob aus.

Stellen Sie nun den Apfel in eine kleine, ofenfeste Form und befüllen Sie ihn mit dem Dinkelschrot. Setzen Sie ihm dann den Deckel auf, gießen Sie 3 EL Wasser in die Form und backen Sie den Apfel bei 200 °C Ober-/Unterhitze im vorgeheizten Ofen für gute 20 Minuten.

Nachmittag / Abendessen

Pesto-Polenta-Brei

Zutaten für 1 Portion:
- 1 ½ EL Maisgrieß (20g)
- 200ml Milch (3,5 % Fett)
- 1 kleine Tomate (50g)
- 1 TL Pesto

Zubereitung:
Rühren Sie den Maisgrieß mit dem Schneebesen zu der warmen Milch in einen Topf. Dann lassen Sie das Ganze 5 Minuten quellen.

Nach den 5 Minuten langsam heiß werden lassen und bei kleiner Flamme und unter ständigem Rühren 5 Minuten köcheln. Nach Bedarf kann noch etwas Wasser hinzugefügt werden.

Ist der Brei fertig, nehmen Sie den Topf von der Kochplatte und lassen ihn ein bisschen abkühlen. Währenddessen schneiden Sie die Tomaten in der Mitte auseinander und entfernen den Strunk. Danach fein würfeln.

Zum Schluss rühren Sie das Pesto zusammen mit den Tomaten in die Polenta ein. Noch warm füttern.

Aprikosen-Brot-Brei

Zutaten für 1 Portion:
- 1 TL Agavendicksaft (5g)
- 180ml Milch (3,5 % Fett)
- 1 Scheibe Vollkornbrot vom Vortag (35g)
- 2 kleine Aprikosen (50g)
- 1 Prise Zimt

Zubereitung:
Die Steine der Aprikosen entfernen und fein würfeln. Dann die Rinde vom Brot wegschneiden und ebenfalls würfeln.

Erhitzen Sie die Milch in einem Topf zusammen mit dem Zimt. Das Ganze aufkochen, dann das Brot hineingeben. Das Brot darf sich dann unter Rühren bei kleiner Flamme mit der Milch vollsaugen.

Wenn das Brot schön weich ist, geben Sie die Aprikosen mit in den Topf, umrühren und kurz durchziehen lassen. Zum Schluss mit dem Agavendicksaft verfeinern. Vom Herd nehmen, kurz auskühlen lassen und Ihrem Kind servieren. Nicht vergessen, die Temperatur vor dem Füttern zu überprüfen.

Pfirsich-Couscous-Brei
Zutaten für 1 Portion:
- 1 reifer Pfirsich (100g)
- 2 EL Couscous, instant (20g)
- 90ml Wasser
- 1 TL Rapsöl
- 2 EL Apfelsaft

Zubereitung:
Kochen Sie in einem Topf das Wasser auf und rühren Sie den Couscous hinein. Die Hitze herunterdrehen und das Ganze 3 Minuten quellen lassen.

In der Zwischenzeit den Pfirsich vom Kern befreien und würfeln.
Nehmen Sie den Topf von der Kochstelle und geben Sie Pfirsich, Öl und Apfelsaft hinein. Mit dem Stabmixer pürieren. Sollte der Brei noch zu dickflüssig sein, einfach etwas mehr Apfelsaft einrühren.

Milchbrei mit Graupen und Himbeeren
Zutaten für 1 Portion:
- 3 EL Himbeeren (25g)
- 180ml Milch (3,5 % Fett)
- 1 EL Perlgraupen (20g)
- 50ml Wasser
- Etwas Vanillemark aus der Schote
- 1 TL Rohrohrzucker

Zubereitung:
Kochen Sie die Milch zusammen mit dem Wasser in einem Topf auf, dann geben Sie die Graupen hinein. Das Mark der Vanilleschote dazugeben und bei kleiner Flamme 25 Minuten köcheln. Ab und zu umrühren.

Himbeeren in eine Schale geben und mit dem Rohrohrzucker mischen. Dann zu grobem Mus zerdrücken. Dafür verwenden Sie am besten eine Gabel.

Den fertigen Graupenbrei zu den Himbeeren geben, gut vermischen und etwas auskühlen lassen. Noch warm Ihrem Baby füttern.

Grießbrei mit Papaya

Zutaten für 2 Portionen:
- 4 EL Vollkorngrieß (40g)
- ½ reife Papaya (200g)
- 1 ½ TL Sesam (20g)
- 180ml Wasser
- 2 TL Rapsöl

Zubereitung:
Lassen Sie das Wasser in einem Topf aufkochen. Dann rühren Sie den Grieß dazu, nochmals aufkochen und dann den Topf sofort von der Kochstelle nehmen.

Geben Sie den Sesam in den Topf dazu, gut verrühren und für 5 Minuten ziehen lassen.

In der Zwischenzeit entfernen Sie die Kerne der Papaya mit einem Löffel. Dann die Frucht schälen, würfeln und mit einer Gabel grob zerdrücken.
Mischen Sie nun das Papayamus sowie das Öl in den Brei und teilen ihn in zwei Portionen. Die erste Portion können Sie sofort füttern, die zweite stellen Sie für den Folgetag in den Kühlschrank.

Getreide-Kirsch-Brei
Zutaten für 1 Portion:
- 1 Handvoll süße Kirschen (100g)
- 2 EL 7-Korn-Getreideflocken (20g)
- 125ml Wasser
- 2 TL Rapsöl

Zubereitung:
Zuerst waschen und entsteinen Sie die Kirschen.

Rühren Sie die Getreideflocken in einen Topf mit dem Wasser und bringen Sie das Ganze bei kleiner Flamme langsam zum Kochen. Dann etwa 2 Minuten kochen lassen, ständig rühren.

Geben Sie die Kirschen hinein, mit dem Stabmixer grob pürieren, die Hitze erhöhen und unter Rühren ein weiteres Mal aufkochen lassen.

Nun den Brei von der Kochstelle nehmen und mit dem Öl vermischen. In eine Schale geben, auskühlen lassen und warm füttern.

Hafer-Trinkbrei mit Aprikosen

Zutaten für 1 Portion:
- 2 EL Haferflocken (20g)
- 1 kleine Aprikose (50g)
- 200ml Milch (3,5 % Fett)

Zubereitung:
Die Haut der Aprikose abziehen, den Stein entfernen und in kleine Würfel schneiden.

Die Milch in einen Topf geben und die Haferflocken einrühren. Aufkochen lassen und dann sofort von der Kochstelle nehmen.

Die Aprikose dazugeben und mit dem Stabmixer ganz fein pürieren.

In eine Trinkflasche füllen und den Breisauger darauf schrauben.

<u>Vor dem Füttern die Temperatur prüfen!</u>

Backen, aber babygerecht

Die Kleinsten möchten ab und zu auch gerne naschen. Dafür eignen sich die folgenden Rezepte wunderbar.

Vom 4. bis zum 6. Lebensmonat

Baby-Brot ohne Salz
Zutaten für 1 Brot:
- 500g Dinkelmehl
- 2 kleine Möhren
- 1 Würfel frische Hefe
- 1 kleine Tasse Haferflocken
- 450g Wasser, lauwarm
- 2 EL Apfelessig
- Nach Belieben Leinsamen

Zubereitung:
Lösen Sie zuerst die Hefe im warmen Wasser auf. In der Zwischenzeit die Möhren mit der Küchenreibe fein reiben.

Dann alle Zutaten in das Hefewasser geben und zu einem Teig verkneten. Legen Sie ein Küchentuch über die Brotschüssel und lassen Sie den Teig etwa 1 Stunde gehen.

Nach der Ruhezeit füllen Sie den Teig in eine bemehlte und gefettete Kastenform. Noch einmal 30 Minuten gehen lassen.

Währenddessen heizen Sie Ihren Backofen auf 200 °C Ober-/Unterhitze vor.

Dann schieben Sie den Teig für 1 Stunde in den Backofen. Nach der Backzeit aus dem Ofen nehmen, das Brot aus der Form holen und noch einmal 10 Minuten ohne Form in den heißen Ofen schieben. Das gibt eine schöne Kruste, an der Ihr Baby nach Herzenslust herumnagen kann.

Baby-Bananen-Pancakes
Zutaten für 6 Pancakes:
- 1 EL Dinkelmehl
- 6 EL Haferflocken, zart
- 1 Ei, das Eiweiß
- 2 reife Bananen
- Etwas Öl für die Pfanne

Zubereitung:
Zuerst zerdrücken Sie die Bananen in einer Schüssel zu Mus, dazu verwenden Sie am besten eine Gabel. Das Bananenmus in eine Schüssel geben, dann Mehl, Haferflocken und Eiweiß dazugeben. Alles zu einem glatten Teig vermengen. Achten Sie darauf, dass sich keine Klümpchen bilden.

Geben Sie nun etwas Öl in eine Pfanne. Erhitzen und den Teig portionsweise einfüllen. Von beiden Seiten goldbraun backen.

Dann auskühlen lassen und Ihrem Baby zum Naschen in die Hand geben.

Baby-Gemüse-Kekse

Zutaten für 10 Kekse:
- 100ml Wasser
- Etwas Bio-Karottensaft
- 6 EL Haferflocken, zart
- 1 Süßkartoffel

Zubereitung:
Die Süßkartoffel waschen, schälen und in kleine Würfel scheiden. Dann in einem Topf mit dem Wasser so lange kochen, bis sie gar sind. Abgießen und abtropfen lassen, dann in eine Schüssel geben.

Nun pürieren Sie die Süßkartoffeln mit dem Stabmixer sehr fein, dann geben Sie die Haferflocken hinein. Zum Schluss tröpfeln Sie noch etwas Karottensaft dazu. Gut miteinander vermengen, bis ein fester Teig entstanden ist.

Heizen Sie den Backofen auf 160 °C Ober-/Unterhitze vor und belegen Sie ein Backblech mit Backpapier.

Formen Sie aus dem Teig mundgerechte Kekse, legen Sie diese auf das Backpapier und drücken sie etwas platt. In den Ofen schieben und 20 Minuten backen.

Auskühlen lassen und Ihrem Baby zum Naschen anbieten.

Baby-Polenta-Stangen

Zutaten für 15 Stangen:
- 140g Polenta
- 500ml Wasser
- 3 EL Rapsöl

Zubereitung:
Bringen Sie das Wasser in einem Topf zum Kochen. Dann mit dem Schneebesen die Polenta einrühren. Die Hitze reduzieren und bei kleiner Flamme 20 Minuten köcheln.

Sobald eine zähe Masse entstanden ist, können Sie den Topf von der Kochstelle nehmen. Legen Sie ein Backblech mit Backpapier aus und verteilen Sie die Masse gleichmäßig darauf. Es dauert ungefähr 30 Minuten, bis das Ganze fest geworden ist.

Nun schneiden Sie gleichmäßig kleine Stangen aus diesem Teig. Erhitzen Sie das Öl in einer Pfanne und braten die Stangen darin goldbraun an.

Zum Abtropfen legen Sie die fertigen Stangen auf ein Küchenkrepp. Auskühlen lassen und Ihrem Baby in die Hand drücken.

Vom 6. bis zum 8. Lebensmonat

Apfelmusbrötchen
Zutaten für etwa 9 Brötchen:
- 200ml Milch, lauwarm
- 1 Würfel frische Hefe
- 500g Dinkelmehl
- 150g zuckerfreies Apfelmus
- 1 Prise Salz
- Nach Belieben Rosinen

Zubereitung:
Nehmen Sie 3 EL Milch und lösen Sie die Hefe darin auf. Dann geben Sie alle Zutaten in eine Rührschüssel und verkneten das Ganze zu einem festen Teig. Je mehr Sie kneten, desto lockerer werden die Brötchen.
Nach dem Kneten bedecken Sie den Teig mit einem Küchentuch und lassen ihn für 2 Stunden an einem warmen Ort gehen. Sie können den Teig weiterverarbeiten, wenn er sich verdoppelt hat.

Nach der Ruhezeit kneten Sie den Teig nochmals durch. Dann formen Sie 9 Brötchen daraus. Diese legen Sie auf ein mit Backpapier ausgekleidetes Backblech. Noch einmal abdecken und 30 Minuten gehen lassen.
In der Zwischenzeit den Backofen auf 180 °C vorheizen.

Dann kommen die Brötchen für 30 Minuten in den Ofen. Nach der Backzeit herausnehmen und abkühlen lassen. Schmecken frisch am besten.
Kleiner Tipp: Die Brötchen lassen sich auch einfrieren und bei Bedarf schnell auftauen und aufbacken.

Obst-Cookies mit Haferflocken

Zutaten für 10 Cookies:
- 300g Haferflocken
- 1 Apfel
- 1 Pfirsich
- 1 Mango

Zubereitung:
Zuerst die Früchte schälen, von den Kernen befreien und in kleine Würfel schneiden. Dann mit dem Stabmixer zu feinem Mus pürieren und mit den Haferflocken gut vermengen, sodass ein Teig entsteht.

Heizen Sie den Backofen auf 160 °C Ober-/Unterhitze vor und legen Sie ein Backblech mit Backpapier aus.

Nun geben Sie den Teig am besten mit zwei Löffeln portionsweise auf das Backblech und drücken ihn etwas platt. Dann in den Ofen schieben und 15 Minuten ausbacken.

Abkühlen lassen und in einer luftdichten Dose aufbewahren.

Vitaminreiche Dinkelstangen

Zutaten für 30 Stangen:
- 500g Dinkelvollkornmehl
- 120g Butter
- 1 Apfel
- 3 Möhren
- 2 Bananen

Zubereitung:
Heizen Sie den Ofen auf 200 °C Ober-/Unterhitze vor und legen Sie das Backblech mit Backpapier aus.

Schälen Sie den Apfel, entkernen und raspeln Sie ihn mit der Küchenreibe fein. Die Banane klein schneiden und mit der Gabel zerquetschen. Möhren waschen, schälen und auch fein raspeln.

Butter und Dinkelmehl mit dem Obst und den Möhren zusammen zu einem Teig vermengen. Aus diesem Teig formen Sie kleine, handliche Stangen, die Sie auf dem Backblech verteilen.

In den Ofen schieben und für 30 Minuten goldbraun backen.

Kleiner Tipp: Für eine längere Haltbarkeit können Sie die Dinkelstangen wunderbar einfrieren.

Vom 8. bis zum 10. Lebensmonat

Zuckerfreie Babykekse
Zutaten für 10 Kekse:
- 5 EL zarte Haferflocken
- 2 EL Mandelmus
- 175g Dinkel-Vollkornmehl
- 2 reife Bananen
- 4 EL Butter, weich
- Nach Belieben Vanillemark oder Zitronenabrieb

Zubereitung:
Heizen Sie den Backofen auf 175 °C Ober-/Unterhitze vor.

Geben Sie alle Zutaten zusammen in eine Rührschüssel. Dann mit dem Handrührgerät und den Knethaken einen geschmeidigen Teig herstellen. Sie können auch mit den Händen kneten, wenn Sie möchten.

Danach formen Sie aus dem Teig kleine Kugeln, die Sie auf ein mit Backpapier ausgelegtes Backblech legen. Mit einer Gabel drücken Sie diese Kugeln etwas platt.

In den Ofen schieben und für 15 Minuten goldbraun backen.

Kleiner Tipp: In einer luftdichten Keksdose lassen sich die Kekse wunderbar aufbewahren und bleiben schön weich.

Winterliche Bratapfel-Kekse

Zutaten für ca. 15 Kekse:
- 100g Butter
- 150g Dinkelmehl
- 1 Ei
- 5 Äpfel
- 1 TL Backpulver
- 1 EL Rosinen
- 1 EL Haferflocken
- 1 Prise Zimt

Zubereitung:
Die Äpfel gut waschen, das Kerngehäuse entfernen und mit der Küchenreibe hobeln.

50g Butter in einer Pfanne erhitzen und die Apfelraspeln darin dünsten, so lange, bis sie schön weich sind und einen angenehmen Duft versprühen.
In einer Schüssel rühren Sie die restliche Butter mit dem Ei schön schaumig. Mehl und Backpulver dazugeben und gut vermengen.

Nun den Backofen auf 175 °C Ober-/Unterhitze vorheizen und ein Backblech mit Backpapier auslegen.

Die Bratapfelmasse zum Teig dazugeben, Zimt und Rosinen ebenfalls hineingeben und vermischen. Mit zwei Löffeln setzen Sie nun kleine Häufchen auf das Backpapier, dazwischen etwas Abstand lassen.

Ist das Backblech gefüllt, das Ganze für 12 Minuten in den Ofen schieben und backen.

Möhren-Brötchen
Zutaten für 10 Brötchen:
- 1 Hefewürfel
- 500g Dinkelvollkornmehl
- 200ml Möhrensaft

Zubereitung:
Erwärmen Sie den Möhrensaft in einem Topf und lösen Sie die Hefe darin auf. In eine Rührschüssel umfüllen, nach und nach das Mehl hineinrühren und zu einem Teig verkneten.

Abgedeckt 45 Minuten gehen lassen.

Heizen Sie den Backofen auf 170 °C Ober-/Unterhitze vor und legen Sie ein Backblech mit Backpapier aus.

Nun formen Sie aus dem Teig 10 Brötchen und verteilen diese auf dem Backblech. Für 15 Minuten goldbraun backen.

Vom 10. bis zum 12. Lebensmonat

Vollkorn-Kürbismuffins
Zutaten für 12 Stück:
- 150g Butter, weich
- 170g Dinkel-Vollkornmehl
- 300g Hokkaidokürbis, das Fruchtfleisch
- 2 Eier
- 100g Datteln, ungeschwefelt
- 2 TL Backpulver
- 1 TL Salz
- 1 TL Lebkuchengewürz

Zubereitung:
Das Fruchtfleisch vom Kürbis in kleine Würfel schneiden. Dann zusammen mit den Datteln in etwas Wasser so lange kochen, bis er schön weich ist. Nach der Garzeit pürieren und abkühlen lassen.

In einer Schüssel rühren Sie die Eier mit der Butter schön schaumig. Dann Mehl, Backpulver, Kürbispüree und die Gewürze dazugeben. Das Ganze zu einem Teig vermengen.

Den Backofen auf 190 °C Ober-/Unterhitze vorheizen und das Muffin-Blech mit Papierförmchen auslegen.

Nehmen Sie zwei Teelöffel und verteilen Sie damit den Teig in die Förmchen. Wenn Sie damit fertig sind, schieben Sie das Muffin-Blech in den vorgeheizten Ofen. 25 Minuten ausbacken.

Apfel-Zimt-Auflauf

Zutaten für einen Auflauf:
- 150g Vollkornmehl
- 60g Butter
- 100g brauner Zucker
- 6 Äpfel
- Butterflocken

Zubereitung:
Zuerst den Backofen auf 200 °C Ober-/Unterhitze vorheizen. Dann die Äpfel schälen, vom Kerngehäuse befreien und in kleine Würfel schneiden. In eine Auflaufform geben.

Das Mehl zusammen mit der Butter und dem Zucker in einer Schüssel vermengen, sodass ein körniger Teig entsteht. Diesen über die Apfelstücke geben und die Butterflocken darauf verteilen.

25 Minuten backen.

Tipps und Tricks, wenn es Ihrem Baby nicht gut geht

Ihr Baby ist in den ersten Wochen ein kleiner Engel. Die meiste Zeit schläft es, möchte etwas Muttermilch oder einfach nur mit Ihnen kuscheln. Allerdings kann es Ihnen auch nicht genau sagen, wenn es Schmerzen hat. Nur durch Weinen macht es sich lautstark bemerkbar, damit Sie wissen, dass etwas nicht stimmt. Oft haben Blähungen, Fieber oder Ähnliches Schuld daran.

Um Ihrem Kind so schnell helfen zu können ist es wichtig, das Nötigste für die Gesundheit Ihres Babys im Haus zu haben. Nicht nur eine gut bestückte Hausapotheke ist in solchen Situationen wertvoll, sondern auch diverse Hausmittel, die Sie sofort einsetzen können.

Das gehört in jede Hausapotheke

Ein kleiner Kratzer, ein wunder Windel-Popo oder Fieber – für jedes Wehwehchen sollte Ihre Hausapotheke gerüstet sein. Allerdings darf Ihr Kind keine Medikamente für Erwachsene zu sich nehmen. Selbst in geringen Mengen kann es gefährlich werden, da sie nicht richtig dosiert werden können. Achten Sie deshalb darauf, die passenden Medikamente für das jeweilige Alter Ihres Kindes parat zu haben. Nur so können Sie ihm schnell und sicher helfen.

In einer Hausapotheke dürfen diese Medikamente auf keinen Fall fehlen:

- Zäpfchen, die zum Fieber senken verwendet werden. Sie helfen auch bei Schmerzen.
- Meersalzlösung oder Nasentropfen, die abschwellend wirken.
- Wund- und Heilsalbe bei Schürfungen oder kleinen Verletzungen.
- Bei einem wunden Popo hilft eine Zink-Oxid-Salbe.
- Antihistamin-Gel wirkt bei Insektenstichen und Sonnenbrand kühlend und entzündungshemmend.
- Sollte Ihr Kind regelmäßig Medikamente nehmen müssen (z. B. Asthmaspray oder Ähnliches) sollten Sie diese immer vorrätig Zuhause haben.

Doch nicht nur Medikamente sollten in Ihrer Hausapotheke zu finden sein. Auch diverse Hilfsmittel sind wichtig, damit Sie sich ausreichend um Ihr Kind kümmern können:

- Eine Pinzette für feine Sprießen oder andere Dinge, bei denen die Finger einfach zu dick sind
- Eine Pipette, mit der Sie beispielsweise Kochsalzlösung in die Nase träufeln können
- Eine gute Verbandsschere
- Einmalhandschuhe
- Desinfektionsmittel, um Wunden zu säubern (gibt es auch als nicht brennendes Wundspray)
- Verschieden große Pflaster für große und kleine Wunden
- Eine Pflasterrolle
- Wundschnellverband, steril verpackt
- Mullbinden, Wundauflage für Brandwunden sowie ein Dreieckstuch
- Eine Taschenlampe
- Eine Wärmflasche oder ein Kirschkernkissen

Wenn Ihrem Kind etwas passiert, kann man als Elternteil im Notfall schon mal den Kopf verlieren. Um dennoch besonnen handeln zu können, sollten Sie immer eine Erste-Hilfe-Broschüre sowie alle wichtigen Telefonnummern für den Notfall griffbereit haben. Diese Nummern sind:

- Der Giftnotruf
- Die Nummer des Kinderarztes
- Die Telefonnummer des Kinderkrankenhauses
- Die Nummer des Kinderärzte-Notrufs für Wochenende und Feiertage

Was Oma schon wusste – hilfreiche Hausmittel

Bei jedem Wehwehchen sofort in die Medikamentenkiste greifen, das muss nicht immer sein. Denn schon unsere Großmütter wussten sich mit einfachen Hausmitteln wunderbar zu helfen. Diese sind auch heute noch bei vielen Müttern sehr beliebt und haben keinerlei Nebenwirkungen wie manches pharmazeutische Mittelchen.

1. Ein wunder Po:
Oft hilft es, wenn Sie Ihr Baby eine Weile ohne Windel strampeln lassen, damit die empfindliche Haut am Po trocknen kann und Luft bekommt. Auch Kamillentee ist bei einem wunden Popo hilfreich. Er lindert Hautreizungen, wenn Sie ihn nach dem Saubermachen auf die wunden Stellen tupfen.

2. Schluckauf:
Manchmal hilft es, Ihr Kind einfach mit einem Buch oder Fingerspielen vom Schluckauf abzulenken.
Eine leichte Massage wirkt auch sehr entspannend.
Ein Bäuerchen nach dem Essen wirkt ebenfalls wahre Wunder.

3. Ihr Baby kann nicht schlafen:
Das kann verschiedene Ursachen haben. Der erste Zahn könnte schmerzen oder vielleicht hat es Blähungen.

Wichtig ist, dass Sie selbst Ruhe bewahren, auch wenn Sie ebenfalls müde oder gestresst sind. Helfen kann eine feste Bettchen-Routine. Achten Sie auf eine immer gleiche Abfolge beim Schlafenlegen. Nach dem Essen zuerst das Nachtlicht an, dann ins Bettchen legen, zum Schluss der Gute-Nacht-Kuss. Natürlich wird es einige Zeit dauern, bis sich Ihr Baby an die Routinen gewöhnt hat. Aber diese gibt Ihrem Kind Sicherheit und sorgt für einen besseren Schlaf.

Zur Beruhigung ist ein warmer Tee oder auch Milch eine gute Lösung. Etwas Warmes trinken und noch ein bisschen kuscheln kann schon ausreichen, damit Ihr Baby besser schläft.

4. Bei Bauchschmerzen:
Hier kann die Wärmflasche oder das Kirschkernkissen Linderung verschaffen.

5. Zahnen:
Kommen die ersten Zähnchen durch, ist das für alle Beteiligten nicht schön und für Ihr Baby sehr schmerzhaft.

Beißringe sind die ersten Helferchen beim Zahnen. Es gibt auch mit Wasser gefüllte Ringe, die Sie kurz vor Gebrauch in den Kühlschrank legen.
Das Kauen auf einem harten Stück Parmesan kann ebenfalls sehr wirkungsvoll sein.

Vor dem Schlafen gehen können Sie das Zahnfleisch Ihres Babys mit etwas Kamillentee einreiben. Diese beruhigt das empfindliche Zahnfleisch und verschafft etwas Linderung.

6. Schnupfen:
Um die Nase zu befreien, können Sie mit Ihrem Baby nach dem Duschen in das noch warme, nebelfeuchte Bad gehen. Der Dampf befreit die Atemwege.
Beim Schlafen achten Sie darauf, dass Ihr Baby einen etwas erhöhten Kopf hat, damit das Schnupfensekret abfließen kann und Ihr Baby so besser Luft bekommt.

Sie können auch ein feuchtes Handtuch mit ein paar Tropfen ätherischer Öle über die Heizung hängen, damit Ihr Baby in der Nacht frei atmen kann.

7. Husten:
Husten ist an und für sich nichts Schlechtes, sondern notwendig, um die Lunge von Erregern zu befreien. Zuerst sollten Sie feststellen, welche Art Husten Ihr Kind hat.

Bei Husten hilft es generell, viel zu trinken. Denn durch Flüssigkeit werden Hals und Rachen befeuchtet und der Schleim löst sich besser aus den Lungen.

Außerdem ist es wirkungsvoll, die Luft staubfrei zu halten. Das erreichen Sie durch häufiges Lüften und den Einsatz eines Luftbefeuchters.
Wichtig: Sollte der Husten mit Fieber einhergehen oder für einen längeren Zeitraum anhalten, sollten Sie Ihrem Kinderarzt einen Besuch abstatten – so kann geklärt werden, was die Ursache für den Husten ist.

8. Schwellungen und Beulen:
Hier hilft es, ein Kühlpad auf die betroffene Stelle zu legen. Auch ein kaltes Handtuch kann Linderung verschaffen und hilft gegen die Schwellung.

9. Durchfall:
Das kann für Babys und Kleinkinder sehr gefährlich sein, denn es droht zu viel Flüssigkeitsverlust.
In der Regel sollten Sie mit ganz kleinen Kindern auf jeden Fall bei Ihrem Hausarzt vorsprechen. Ansonsten können stopfende Lebensmittel helfen, wie zum Beispiel Bananen, Zwieback, Haferflocken, Äpfel, Reis, Zwieback oder Kartoffeln.

10. Fieber:
Hat der Körper mit Infektionen zu kämpfen, versucht er durch Wärme, Viren und Bakterien abzutöten. Fieber ist also in gewisser Weise notwendig.

Steigt das Fieber jedoch zu hoch, sollten Sie zuallererst zum Kinderarzt gehen. Er kann Ihr Baby untersuchen und so Krankheiten ausschließen. Inzwischen können kühle Wadenwickel, die in einer Mischung aus lauwarmem Wasser, etwas Essig oder auch Zitronensaft getränkt werden, zur Senkung des Fiebers beitragen. Die ausgewrungenen Tücher werden dem Kind um die Waden gewickelt und sollten gewechselt werden, sobald sie warm geworden sind.

Schlusswort

Das erste Jahr mit Ihrem Baby ist eine ganz besondere Zeit, die Sie unbedingt genießen sollten. Denn sie ist schneller vorbei als gedacht. Sie finden in dieser Zeit heraus, was Ihrem Baby guttut und was es braucht, um rundum zufrieden zu sein.

Dieses Buch ist Ihnen in dieser aufregenden Zeit hoffentlich ein treuer Ratgeber, der Ihnen mit jeder Menge hilfreicher Informationen hilfreich zur Seite stehen kann. Die Rezepte, die Sie vielleicht schon interessiert durchgelesen oder auch schon ausprobiert haben, sind wundervoll wandelbar. Sie können die verschiedenen Zutaten austauschen und kombinieren, wie es Ihnen und Ihrem Baby gefällt.

Am Anfang ist es für Sie vielleicht ein bisschen ungewohnt, die Rezepte in die Tat umzusetzen. Doch Sie werden schnell feststellen, dass es eigentlich ganz leicht ist, wenn Sie erst einmal wissen, auf was Sie alles achten müssen.

Ab dem 10. Monat wird es noch leichter, denn Ihr Baby wird immer wieder auf Ihren Teller schielen und sich etwas von Ihnen mopsen wollen. Dann ist es auch bald so weit, dass Ihr Baby am Familientisch mitessen kann.

Viel Spaß wünschen wir Ihnen in dieser spannenden Zeit, in der Sie und Ihr Baby die wunderbare Nahrungsmittelvielfalt entdecken werden!

DANKE FÜR IHR VERTRAUEN!

Wir möchte uns bei Ihnen bedanken für Ihre kostbare Zeit die Sie mit unserem Buch verbracht haben. Ich hoffe Sie haben einen guten Einblick in das Thema bekommen und konnten viel lernen und mitnehmen.
Wir sind stehts bemüht unsere Bücher auf den neuesten Stand zu halten und deswegen sind wir sehr dankbar für jedes Feedback das wir bekommen.

Unter folgendem Link können Sie eine Bewertung auf Amazon hinterlasse:

http://bit.ly/bewertungbuch

Haftungsausschluss

Die Umsetzung aller enthaltenen Informationen, Anleitungen und Strategien dieses Buchs erfolgt auf eigenes Risiko. Für etwaige Schäden jeglicher Art kann der Autor aus keinem Rechtsgrund eine Haftung übernehmen. Für Schäden materieller oder ideeller Art, die durch die Nutzung oder Nichtnutzung der Informationen bzw. durch die Nutzung fehlerhafter und/oder unvollständiger Informationen verursacht wurden, sind Haftungsansprüche gegen den Autor grundsätzlich ausgeschlossen. Ausgeschlossen sind daher auch jegliche Rechts- und Schadensersatzansprüche. Dieses Werk wurde mit größter Sorgfalt nach bestem Wissen und Gewissen erarbeitet und niedergeschrieben. Für die Aktualität, Vollständigkeit und Qualität der Informationen übernimmt der Autor jedoch keinerlei Gewähr. Auch können Druckfehler und Falschinformationen nicht vollständig ausgeschlossen werden. Für fehlerhafte Angaben vom Autor kann keine juristische Verantwortung sowie Haftung in irgendeiner Form übernommen werden.

Urheberrecht

Alle Inhalte dieses Werkes sowie Informationen, Strategien und Tipps sind urheberrechtlich geschützt. Alle Rechte sind vorbehalten. Jeglicher Nachdruck oder jegliche Reproduktion – auch nur auszugsweise – in irgendeiner Form wie Fotokopie oder ähnlichen Verfahren, Einspeicherung, Verarbeitung, Vervielfältigung und Verbreitung mit Hilfe von elektronischen Systemen jeglicher Art (gesamt oder nur auszugsweise) ist ohne ausdrückliche schriftliche Genehmigung des Autors strengstens untersagt. Alle Übersetzungsrechte vorbehalten. Die Inhalte dürfen keinesfalls veröffentlicht werden. Bei Missachtung behält sich der Autor rechtliche Schritte vor.

Impressum:
© Korpus Experts
2019
1. Auflage
Alle Rechte vorbehalten.
Nachdruck, auch in Auszügen, nicht gestattet.
Kein Teil dieses Werkes darf ohne schriftliche Genehmigung des Autors in irgendeiner Form reproduziert, vervielfältigt oder verbreitet werden.

Kontakt:
ANDYCOMP OÜ
Pudisoo küla, Männimäe
74626 Kuusalu vald
Harju maakond
Estonia

ISBN 978-3-7502-7275-0

www.epubli.de